中西 基 著

租税法と現代会計

東京 森山書店 発行

は し が き

　法制度と会計とはどのような関係にあるのか。とりわけ，租税法と現代会計の関係はどのようなものであるのか。本書は，上記の課題に全面的に答えようとしたものである。

　はじめに本書の結論を示せば，「会計は法の一部分である」ということである。すなわち，課税所得の計算あるいは企業利益の計算という領域では，会計は法の施行の一部分であるということを論証したものが本書である。

　ここで，このような結論に到達した研究上の経緯についてふれておきたい。そもそも著者が法制度と会計の関係に興味を抱いたきっかけは，学部の会計学ゼミナールの卒業論文として商法第287条の2の「特定引当金」をテーマに取り上げたことに始まる。「特定引当金」の解釈に関する議論は，昭和56年の商法改正によって終止符をうったが，この議論には会計学と商法の二つの領域だけでなく租税法も関係するものであり，結果として会計の制度的位置づけに疑問を感じた筆者は，大学院進学の際には迷わず法学研究科を選択した。大学院では，恩師の故大原栄一先生の指導の下に会社の計算規定をテーマに定め，税法の研究者であった父の影響も受けながら，おのずから商法，税法および会計学の学際分野を研究することとなった。また院生時代には先輩でもある現近畿大学法科大学院の増田政章教授にドイツ法の手ほどきを受けたことがきっかけとなり，以来ドイツおよびEUを主要な研究対象としている。

　以上のような，研究の経緯の中で最新の到達点からこれまでの研究成果を纏めたのが本書である。したがって，本書の内容は大別して次の三つのテーマか

ら成り立っている。

　第一の部分は，わが国の租税法・商法に関するものである。第1章「法制度と会計学」，第3章「社会の変化と租税法」，第4章「日本の税制の現状と課題」，第10章「国際課税と課税権」がこれに相当する。

　特に第1章は，本書の総論にあたる部分であり，企業会計が法の一部分であるということを，法人税法と商法の改正の歴史的考察から明らかにするものである。

　第二の部分は，ドイツの租税法と商法に関するものである。第2章「租税制度と現代会計の存立形式」，第5章「ドイツ租税法の動向」，第8章「ドイツ租税通則法および商法典におけるEDV会計と会計情報理論」がこれに相当する。

　第三の部分は，EUにおける租税法と商法に関するものである。第6章「EU／ECにおける税制の統合（1）」，第7章「EU/ECにおける租税法の統合（2）」，第9章「EC諸国における有限会社法の調整と債権者保護」がこれに相当する。

　このように，本書は日本・ドイツ・EUにおける租税法および商法の諸問題を考察対象とし，それらの研究成果をもとに，特に法人税法と現代会計の関係を中心に商法と現代会計の関係ならびに法人税法と商法の関係，すなわち法制度と現代会計の関係を明らかにしようと試みたものである。

　以上のような研究成果ではあるが，著者が法制度と現代会計の関係という問題を自分自身の研究課題として明確に意識できたのは，大阪産業大学へ赴任してドイツ会計学を研究される諸先輩にめぐり逢うことができたからである。特に遠藤一久教授には，初めての単著を纏め上げるにあたり一からご指導をいただいただけでなく，このような成果にたどり着くにあたり有益な助言をいただいた。遠藤教授の叱咤激励なしには本書は完成していなかったであろう。また，石原肇教授にはドイツ租税法の先学としてさまざまな質問や相談に関して

温かく親身に答えていただいた。大阪産業大学の恵まれた環境の下で研究活動を行うことができたことと，立派な先輩諸氏にめぐり逢えたことに感謝したい。

　ドイツ・ヴュルツブルク大学のフレーリックス教授と明治大学の鈴木義夫教授にもドイツ租税法と商法典についてキーポイントとなる教示をいただけたことも著者にとってとても幸運なことであった。

　そして，院生時代から公私にわたり指導いただいた近畿大学の増田政章教授と三室堯麿教授の両先輩にもこの場を借りてお礼を申し上げたい。

　ただ残念なことは，恩師の大原栄一先生と父の中西正安に本書を見ていただけなかったことである。本書を大原先生と父の霊前に捧げたい。

　最後に，出版事情の厳しいなか本書の刊行を快くお引き受けいただいた森山書店と温かい助言と協力をいただいた菅田直文社長に心からの感謝を申し上げる。

　　　　　　　　　　　　　　　　　　　　2005年2月
　　　　　　　　　　　　　　　　　　　　　　中　西　　基

目　次

第1章　法制度と会計 …………………………………………………1

序　論 …………………………………………………………………1
第1節　成文法とその特徴 …………………………………………2
第2節　租税法・商法典と会計 ……………………………………2
　　1．昭和22年税制改正以前 ……………………………………3
　　2．昭和22年税制改正以後，昭和42年法人税法改正まで …6
　　3．昭和42年法人税法改正以後，昭和49年商法改正まで …8
　　4．昭和49年商法改正以後 ……………………………………10
第3節　租税法と商法の関係 ………………………………………11
結　論 …………………………………………………………………18

第2章　租税制度と現代会計の存立形式 …………………………21

序　論 …………………………………………………………………21
第1節　ドイツの会計制度と所得の計算体系 ……………………22
　　1．ドイツ会計制度の特徴 ……………………………………22
　　2．ドイツ租税法上の所得の計算体系 ………………………24
　　3．租税法および商法典と会計実務，経済現象の関係 ……25
第2節　アメリカの会計制度と所得の計算体系 …………………26
　　1．アメリカ会計制度の特徴 …………………………………26
　　2．アメリカ租税法上の所得の計算体系 ……………………27

結　　論 …………………………………………………………………… 28

第3章　社会の変化と租税法 …………………………………………… 33

　　序　　論 ……………………………………………………………………… 33
　　第1節　国際的競争力と租税法 …………………………………………… 33
　　第2節　社会構造の変化と租税法 ………………………………………… 35
　　結　　論 ……………………………………………………………………… 37

第4章　日本の税制の現状と課題 ……………………………………… 39

　　序　　論 ……………………………………………………………………… 39
　　第1節　租税の機能 ………………………………………………………… 40
　　　　1．公共サービスの財源調達機能 …………………………………… 40
　　　　2．所得再分配機能 …………………………………………………… 41
　　　　3．景気自動調節機能・経済の安定化機能 ………………………… 41
　　　　4．小　　結 …………………………………………………………… 41
　　第2節　租税民主主義と租税の基本原則 ………………………………… 42
　　　　1．租税民主主義 ……………………………………………………… 42
　　　　2．租税の基本原則 …………………………………………………… 43
　　　　3．小　　結 …………………………………………………………… 45
　　第3節　わが国の財政の現状 ……………………………………………… 47
　　　　1．平成19年度一般会計予算 ………………………………………… 47
　　　　2．プライマリーバランス …………………………………………… 50
　　　　3．小　　結 …………………………………………………………… 51
　　結　　論 ……………………………………………………………………… 52

第5章　ドイツ租税法の動向 …………………………………………… 53

序　　論 …………………………………………………………………53
第1節　税制改革2000に至る経緯…………………………………53
第2節　税制改革2000の概要………………………………………55
　　1．個人所得税に関係する減税 …………………………………55
　　2．法人税に関係する減税 ………………………………………56
　　3．資本会社と株主間の課税システムの変更 …………………56
　　4．人的会社のための特別な改革 ………………………………58
　　5．税負担軽減のための財源確保 ………………………………59
　　6．電子記録に関する改正 ………………………………………60
　　7．税制改革に対する連邦政府のねらい ………………………61
結　　論 …………………………………………………………………62

第6章　EU／ECにおける税制の統合（1）……………………67

序　　論 …………………………………………………………………67
第1節　ルーディング委員会………………………………………69
第2節　ルーディング委員会が明らかにした問題点……………71
　　1．租税ルールにおける差異の一覧 ……………………………71
　　2．租税の差異に起因する経済的歪み …………………………73
　　3．改善手段，市場要因か規制か ………………………………75
第3節　ルーディング委員会報告書による政策勧告……………77
　　1．政策勧告における制約 ………………………………………77
　　2．時期 ……………………………………………………………78
　　3．手段 ……………………………………………………………79
　　4．内容 ……………………………………………………………80
第4節　ファニンステンデール委員の個人的結論………………83
結　　論 …………………………………………………………………88

第7章　EU／ECにおける税制の統合（2）……………………91

序　　論……………………………………………………………91
第1節　合併指令の背景と概要…………………………………93
第2節　合併指令の内容…………………………………………95
　　1．指令の対象となる会社と取引……………………………95
　　2．取引の種類…………………………………………………96
　　3．課税の免除の概要………………………………………102
結　　論…………………………………………………………105

第8章　ドイツ租税通則法および商法典における
　　　　　EDV会計と会計情報理論……………………………109

序　　論…………………………………………………………109
第1節　EDV会計に適用される法制度の概要………………111
第2節　租税通則法におけるEDV会計の規制構造…………113
　　1．歴史的経緯………………………………………………113
　　2．租税通則法における規制構造…………………………118
第3節　商法典におけるEDV会計の規制構造………………123
　　1．歴史的経緯………………………………………………123
　　2．商法典における規制構造………………………………128
第4節　租税通則法と商法典の規制構造………………………133
第5節　EDVと専門的意見表明…………………………………135
　　1．GoS………………………………………………………135
　　2．FAMA……………………………………………………136
第6節　正規のデータ処理の諸原則……………………………138
　　1．EDVをとりまく状況……………………………………138

2．EDVと正規性 ……………………………………………………140
　　　3．正規のデータ処理の諸原則 ………………………………………144
　結　論 …………………………………………………………………………148

第9章　EC諸国における有限会社法の調整と債権者保護 …………151

　序　論 …………………………………………………………………………151
　第1節　有限会社の自己持分の取得誘因 ……………………………………152
　第2節　EC諸国における自己持分の取得に関する規定 …………………154
　　　1．西ドイツ ……………………………………………………………154
　　　2．フランス ……………………………………………………………160
　　　3．ベルギー ……………………………………………………………161
　　　4．オランダ ……………………………………………………………162
　　　5．ルクセンブルク ……………………………………………………163
　　　6．イタリア ……………………………………………………………164
　　　7．デンマーク …………………………………………………………165
　　　8．イギリス ……………………………………………………………166
　　　9．アイルランド ………………………………………………………166
　第3節　自己持分の取得に関する調整提案 …………………………………168
　　　1．株式法の有限会社への類推適用 …………………………………168
　　　2．自己持分の取得に関する規制のための調整提案 ………………169
　結　論 …………………………………………………………………………173

第10章　国際課税と課税権 …………………………………………………179

　序　論 …………………………………………………………………………179
　第1節　内国法人と外国法人 …………………………………………………180
　第2節　内国法人に対する課税 ………………………………………………181

1．国際的二重課税の排除………………………………………………… *181*
　　　2．外国税額控除の概要…………………………………………………… *182*
　　第3節　外国法人に対する課税……………………………………………… *185*
　　　1．国内源泉所得…………………………………………………………… *185*
　　　2．PEによる外国法人の区分 …………………………………………… *186*
　　　3．課　税　の　範　囲…………………………………………………… *187*
　　第4節　タックス・ヘイブン税制…………………………………………… *187*
　　結　　論 ……………………………………………………………………… *188*

付録　ドイツ租税法の概観 ……………………………………………………… *191*
索　引 …………………………………………………………………………… *197*

第1章 法制度と会計

序　論

　租税法は，歴史的に行政法（公法）の一分野として位置づけられ，租税行政法・租税手続法として研究されてきた。しかしその一方で，租税は，私人の経済活動を対象として賦課・徴収されるものであり，これらの経済活動は私的取引法（私法）によって規律されている。今日では，租税の問題は私的経済活動のあらゆる局面に関係をもっており，この結果，租税法の研究にあたっては私的取引法の理解が必要不可欠である[1]。

　特に，法人税法と商法は，企業の成果測定という面では非常に密接な関係を有しており，ドイツでは，経営経済学（Betriebswirtschaftslehre）の分野において貸借対照表論（Bilanzlehre）は租税法と商法典にまたがる法制度の問題として主要な研究対象となってきたことは周知のところである[2]。

　このような観点から本章においては，課税所得の計算プロセスを考察の中心に置き，「法制度と会計の関係」，すなわち，「法人税法と会計の関係」，「商法と会計の関係」および「法人税法と商法の関係」を明らかにしようとするものである。

第1節　成文法とその特徴

　法の存在形式である法源は，成文法と不文法に大別される[3]。ドイツやわが国の法制度は大陸法の法体系に属しており，その最大の特徴は成文法である。成文法とは，文字や文章で表現され，文書の形式を備えた法のことであるが，一定の手続きと形式に従って定立・公布されるので制定法とも称される。

　成文法は，人間の意志に基づいて作られるものであるから，法の理想とされるものを具現化するに便宜である。法の存在とその意味内容を明確にする。成文法が特定の事項について体系的に編別・組織されたときは，これを法典と呼ぶが，法典は一国内の法を統一整備する。法的安定性を確保することができる。反面，成文法は文字・文章により表現されるものであるから，固定的なものとなりやすく，流動的な社会の実情に応じることが困難になりやすい。その結果，改革立法が常に社会の要請に遅れがちになる。立法が複雑化し，技術的になり，一般人の理解を困難にする。

　以上のような特徴をもつ成文法であるが，特に重要なことは，法の目的から詳細な規定が必要である場合であっても，あらゆる事象を想定し，それぞれの事象に対応する詳細で網羅的な規定を設けることは不可能なことである。

第2節　租税法・商法典と会計

　ドイツでは，法制度と貸借対照表論の関係は，もっぱら商法典と貸借対照表論の関係として論じられてきた[4]。従来ドイツの会計学研究においては，法とりわけ商法の文言の解釈問題が常に大きな部分を占めてきたことは周知のところである。ドイツ会計学が，いわゆる貸借対照表論として展開されている場合，商法との関連を無視して論議されることは，およそ皆無に等しいという状

況である。そもそもドイツ貸借対照表論の生成の当初からして，商法の法条の解釈および判例の批判として発生し，発達してきたという歴史的経緯が存在しているのである[5]。

これに対して，わが国の法制度と会計の関係も商法と会計の関係から出発し，以下のような歴史的変遷をたどっている。

1．昭和22年税制改正以前

戦前は，「賦課課税制度」によっていたため，租税法と会計の関係は成立していなかった[6]。昭和22年の税制改正において，法人税が「賦課課税制度」から「申告納税制度」へ変更されると同時に，法人税の申告については「その確定した決算に基づき」その年度の所得金額を記載して申告することに変更された[7]。この昭和22年税制改正以前は，法制度と会計の関係は商法と会計の関係として論じられてきた。

戦前における会計制度は，昭和9年の「財務諸表準則」，同15年の「海軍軍需品工場事業財務諸表作成要領」，同16年の「製造工業財務諸表準則草案」等，会計基準をつくるためのいくつかの措置がとられたが，それは，合理化と軍需発注のためのものであり，特定の企業に適用されるもので，社会基準としての意義はもたなかった[8]ので，商法と貸借対照表論，会計学との関係が成立するだけであった。

昭和13年の改正商法において成文化された固定資産の評価規定に関連して，田中耕太郎博士は，「伝統的な貸借対照表目的論は，会計学者に於て意識すると否とを問はず法目的を予定しているのである。此の意味に於て会計学は一応其の自主性を有しつつも，其の自主性は絶対的なものではなく，不可避的に法律学に連携せられるのである。」[9]としたうえで，法律学と会計の関係を，「貸借対照表技術が法規化せられている今日に於ては，其の細目的部分は格別として其の根本原則は要するに法の目的に依り指導せられるものと云ふべく，従っ

て今日に於ては最早純然たる私経済的貸借対照表理論なるものは存在せず，貸借対照表理論が仮令純然たる会計学者に依って取扱われている場合に於ても，法律学に従属するものと云はなければならない。要するに貸借対照表論は根本に於て法律学に依り其の目的を指示せられ，其れに指導せられるものと認むることを得るのである。……（中略・中西）要するに会計学は法に依って指示せられた所の原則に従ひ，其れに依って限定せられた範囲内に於て合目的的考慮を働かせ，新な技術を案出する自由な天地を有するのである。」[10] と論じている。

このような「法律学（商法）」と「貸借対照表論」，「会計学」の関係は，第1図として表すことができる。

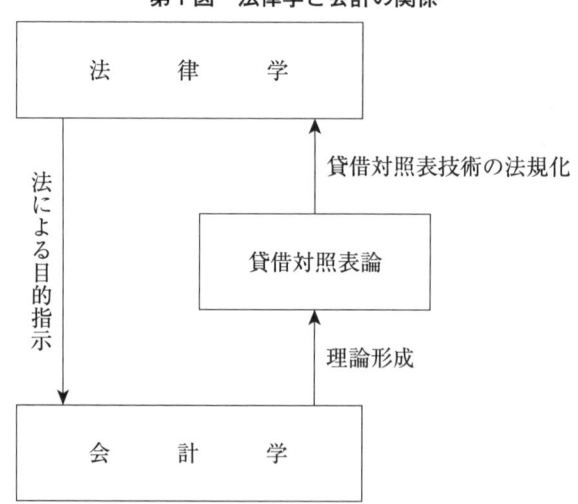

第1図　法律学と会計の関係

また，田中博士は，貸借対照表技術に関しドイツと日本の「実務上の慣行の法規化プロセス」を比較している。ドイツでは，「立法者は，企業者間に於て一般的に慣行せられている実務上の原則なるものが存在して居り，法は個々の重要点に関し自ら規定を設ける場合を除いて単に白紙的規定（GoB：

Grundsätze ordnugsmäßiger Buchführung, 注記・中西) を設け, 細目を実務上の慣行に委任しているものと認めなければならない。此の場合に於ては委任を受けた実務の内容は法的性質を有することになるのである。」[11] のに対して, 日本では,「我が商法に於ては立法者は独逸法に於けると異なって, 改正法に於ても改正前に於ても斯くの如き白紙的規定を用意してはいない。従って貸借対照表作成に関する実務が法規の体系中に全体として編入せられ, 当然法的効力を有することは我が法制上之を認むることを得ず」[12] としながらも,「簿記及び貸借対照表の技術一般と商法の規定との関係を考察するならば, 我が商法に於ては上述の如く独商法第38条 (正規の簿記の諸原則) に該当する規定が存しないが, 然し上述の如く独法に於けると同様に斯かる技術が当然に商法の体系の一部を構成するものと結論することを得る。」[13] としている。

すなわち, 成文法はあらゆる事象を想定しそれぞれの事象に対応する詳細網羅的な規定を設けることは困難であるので, ドイツでは「法は個々の重要点に関してのみ規定を設け」, 細目については貸借対照表作成に関する「実務上の

第2図 実務上の慣行の法規範化プロセス

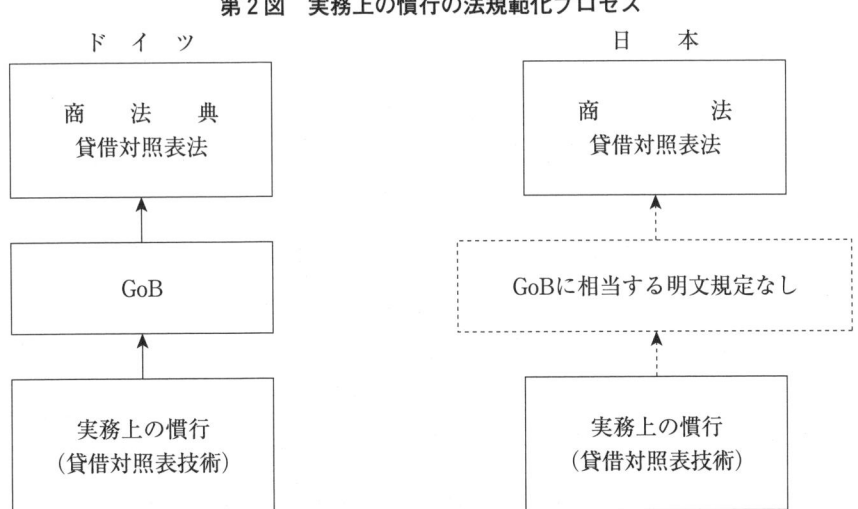

慣行」を法規範の中に取り組むための法的根拠として「GoB」を法の中に設けている。これに対しわが国の商法にはドイツの「GoB」に該当する規定が存在しない。このため，田中博士は，「実務上の慣行」が商法第1条の「商慣習法」あるいは法例第2条の「慣習法」に該当するかどうかを検討し，そこに問題点を指摘しながらも[14]，「実務上の慣行」に法規範性を認め商法の体系の一部を構成するものと結論づけているのである。

このようなドイツと日本の「実務上の慣行の法規範化プロセス」は，第2図として表すことができる。

2. 昭和22年税制改正以後，昭和42年法人税法改正まで

昭和22年の税制改正において，直接税全体にわたって，源泉徴収制度を除き申告納税制度が導入された[15]。法人税についても「賦課課税制度」から「申告納税制度」へ変更されるとともに，その申告についても「その確定した決算に基づき」その年度の所得金額を記載して申告することに変更された（法人税法第18条）。

法人所得に対する課税は，明治32年所得税法改正によって第一種所得税として創設され，「納税義務アル法人ハ各事業年度毎ニ損益計算書ヲ政府ニ提出スヘシ」（第7条2項）とし，「第一種ノ所得金額ハ損益計算書ヲ調査シ政府之ヲ決定ス」（第9条前段）とされていた。

明治32年に法人の所得に対する第一種所得税の課税が創設されて以来，税務行政庁による「法人の所得は法人の決算が前提となる」という解釈が，申告納税制度の発足を機として明文化されたことになる[16]。

また，昭和24年7月には「企業会計原則」が「財務諸表準則」とともに経済安定本部企業会計制度対策調査会から答申され，中間報告として公表された。その前文二の1では，「企業会計原則は，企業会計の実務の中に慣習として発達したもののなかから，一般に公正妥当と認められたところを要約したもので

あって，必ずしも法令によって強制されないでも，すべての企業がその会計を処理するに当って従わなければならない基準」であり，二の2では，「企業会計原則は，公認会計士が，公認会計士法及び証券取引法に基づき財務諸表の監査をなす場合において従わなければならない基準」であると述べ，さらに二の3では，「企業会計原則は，将来において，商法，税法，物価統制令等の企業会計に関係ある諸法令が制定改廃される場合において尊重されなければならないものである。」としている。

すなわち，企業会計原則が発足したことにより，「商法」と「会計」の関係は，「商法」と「企業会計原則」，「企業会計実務」，「貸借対照表論」，「会計学」の関係となることが明らかになる。さらに，法人税が，その確定した決算に基づく「申告納税制度」へ変更された結果，租税法においても，「法人税法」と「企業会計原則」，「企業会計実務」，「貸借対照表論」，「会計学」の関係が生じることになる。

商法は，債権者保護および株主保護に重点を置くため，配当可能利益を示すということが求められる。この結果，商法は「目的に応じた指示」を会計学に対しておこない，法人税法では，課税の公平が求められる。この「目的に応じた指示」を会計学に対しておこなう。会計学は，これらの「法による目的指示」に従い「貸借対照表論」を形成し，「貸借対照表論」が「一般に公正妥当と認められた企業会計の実務」を理論化することにより「企業会計原則」を確立する。商法および法人税法は，「企業会計原則」のみならず「一般に公正妥当と認められた企業会計の実務」からその「法の目的」に合致するものを法規範化することになるが，ドイツの「GoB」に該当する規定が存在しないため，法を正面からとらえた場合，制度的な欠陥があるといえる。

このような「商法」と「企業会計原則」，「企業会計実務」，「貸借対照表論」，「会計学」の関係および「法人税法」と「企業会計原則」，「企業会計実務」，「貸借対照表論」，「会計学」の関係は，第3図として表すことができる。

なお企業会計原則の発足により，法人税法，商法，証券取引法は，企業会計三法と称されるが，本章では，証券取引法については考察の対象としない。

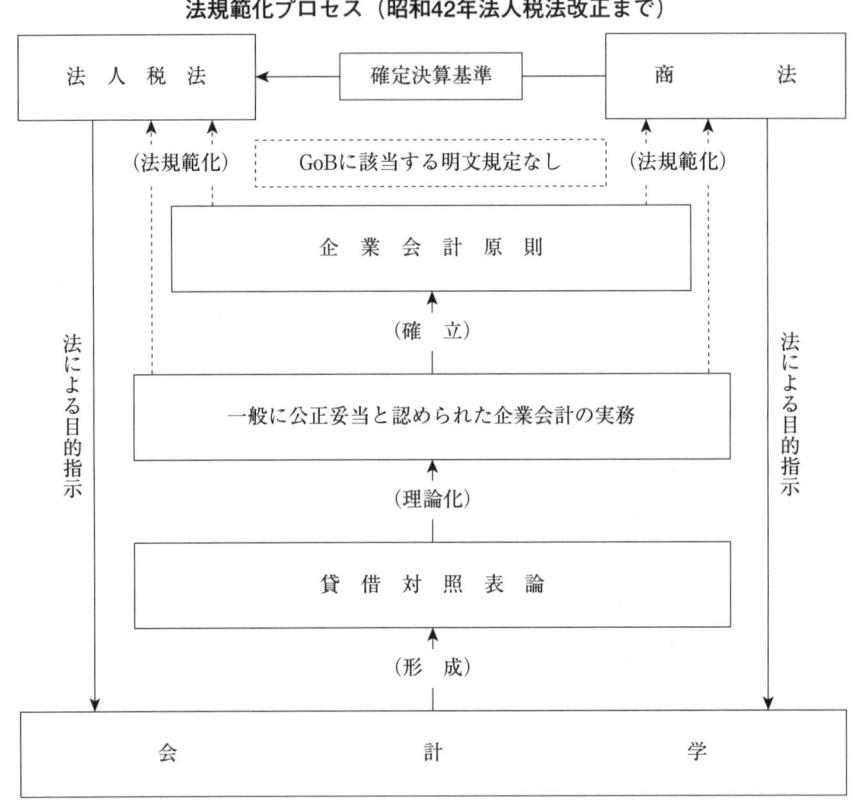

第3図　法制度と会計の関係（1）
法規範化プロセス（昭和42年法人税法改正まで）

3. 昭和42年法人税法改正以後，昭和49年商法改正まで

　昭和42年改正法人税法では，法人の各事業年度の所得の内容となる収益，原価，費用および損失は，別段の定めがあるもののほかは，「一般に公正妥当と認められる会計処理の基準に従って計算されるもの」（法人税法第22条4項）と

第1章 法制度と会計学　9

第4図　法制度と会計の関係（2）
法規範化プロセス（昭和49年商法改正まで）

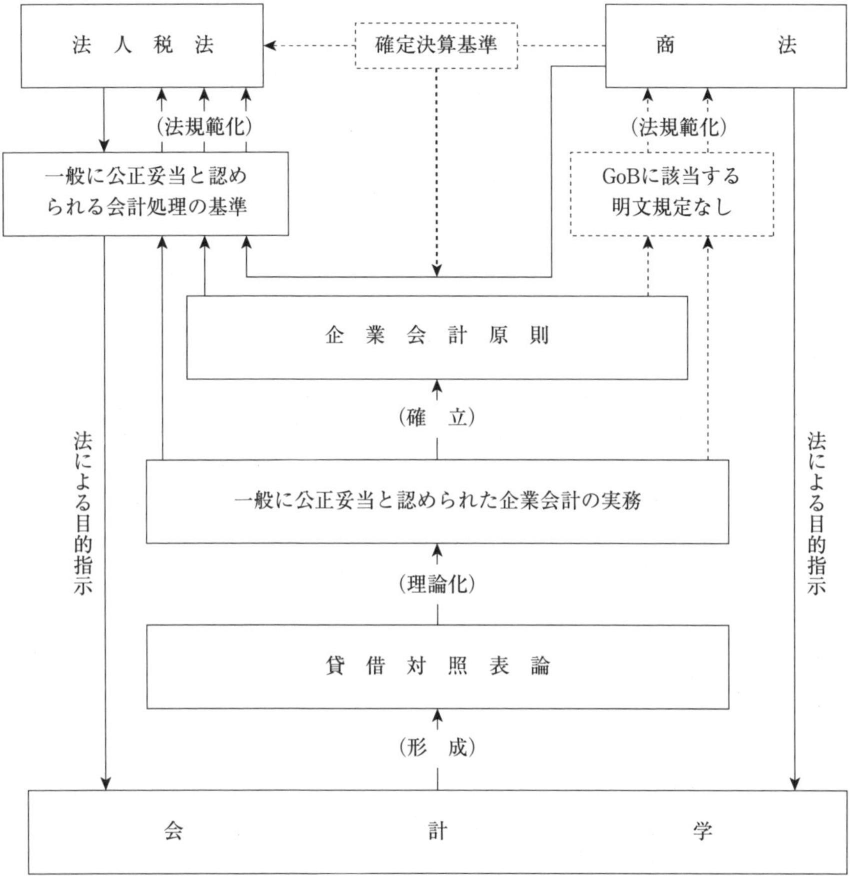

```
┌─────────┐     ┌──────────┐     ┌─────────┐
│ 法 人 税 法 │ ←--│ 確定決算基準 │--→ │  商   法  │
└─────────┘     └──────────┘     └─────────┘
     ↑↑↑                                ↑
   （法規範化）                       （法規範化）
┌─────────────┐              ┌──────────────┐
│一般に公正妥当と認め│              │ GoBに該当する │
│られる会計処理の基準│              │  明文規定なし  │
└─────────────┘              └──────────────┘
         ↑
    ┌──────────────────────────┐
    │     企 業 会 計 原 則        │
    └──────────────────────────┘
              ↑
           （確　立）
    ┌──────────────────────────────┐
    │ 一般に公正妥当と認められた企業会計の実務 │
    └──────────────────────────────┘
              ↑
           （理論化）
    ┌──────────────────────────┐
    │      貸 借 対 照 表 論        │
    └──────────────────────────┘
              ↑
           （形　成）
┌────────────────────────────────────┐
│            会　　　計　　　学                │
└────────────────────────────────────┘
```

（左端）法による目的指示　　（右端）法による目的指示

された。

　この「一般に公正妥当と認められる会計処理の基準」の意味するところは，「企業会計原則」のみを指すものではなく「一般に公正妥当と認められた企業会計の実務」を包括するものであり，かつ法人税法の目的に合致するものである。また，課税所得は確定決算基準に基づくため，「一般に公正妥当と認められる会計処理の基準」は「商法の計算規定」をも同時に包括するものと解すべ

きである。すなわち，法人税法に「一般に公正妥当と認められる会計処理の基準」が規定される以前は，商法の「確定決算基準」は直接法人税法に法規範として機能していた。このような状態は，「GoB」に該当する明文規定なしに，企業会計原則や一般に公正妥当と認められた企業会計の実務を法規範化していたのと同じ状態が，「確定決算基準」についても存在したことを意味する。

この昭和42年の改正により，法人税法では，ドイツにおける「GoB」に該当する規定が明定されたため，「法人税法」と「企業会計原則」，「企業会計実務」，「貸借対照表論」，「会計学」の関係では，法の欠缺は解消されたことになる。しかしながら，課税所得は，確定決算基準に基づき算出されるため，商法において「GoB」に該当する規定が存在しない以上，実質的には法人税法上の所得算出プロセスには依然として法の欠缺状態が継続することになり，一種の「ねじれ現象」が発生した。

このような関係は，第4図として表すことができる。

4．昭和49年商法改正以後

昭和49年商法改正では，「商業帳簿ノ作成ニ関スル規定ノ解釈ニ付テハ公正ナル会計慣行ヲ斟酌スベシ」（商法第32条2項）が追加された。いわゆる斟酌規定と称されるものである。ここにいう「公正なる会計慣行」の意味するところは，「企業会計原則」のみを指すものではなく，「一般に公正妥当と認められた企業会計の実務」を包括するものであり，かつ商法の目的に合致するものと解されるべきである。

この昭和49年の商法改正により，前述の「ねじれ現象」は解決され，「商法」と「企業会計原則」，「企業会計実務」，「貸借対照表論」，「会計学」の関係および「法人税法」と「企業会計原則」，「企業会計実務」，「貸借対照表論」，「会計学」の関係に，法の欠缺は解消されたことになる。

このような関係は，第5図として表すことができる。

第5図　法制度と会計の関係（3）
法規範化プロセス（昭和49年商法改正以後）

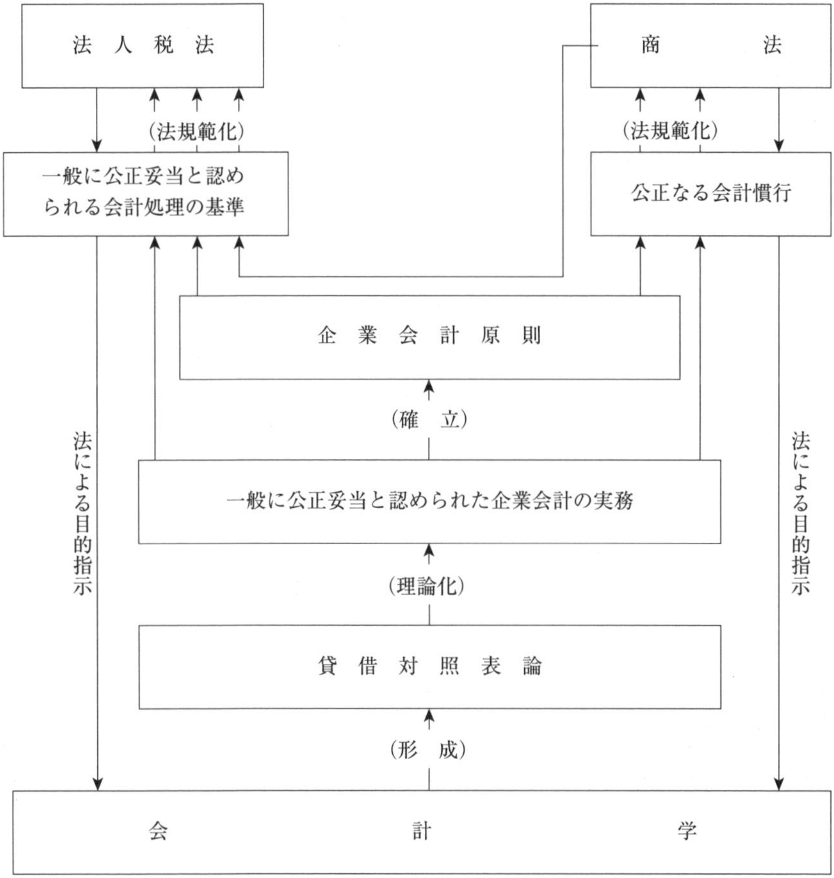

```
┌──────────┐                           ┌──────────┐
│  法人税法  │                           │  商　　法  │
└──────────┘                           └──────────┘
     ↑ ↑ ↑                                 ↑ ↑ ↑
    （法規範化）                          （法規範化）
┌──────────────┐                     ┌──────────────┐
│一般に公正妥当と認め│                     │  公正なる会計慣行  │
│られる会計処理の基準│                     │                  │
└──────────────┘                     └──────────────┘
            ↑                               ↑
            └──────┐         ┌──────┘
                   ┌──────────────┐
                   │  企業会計原則  │
                   └──────────────┘
                         ↑
                       （確 立）
                ┌──────────────────────┐
                │一般に公正妥当と認められた企業会計の実務│
                └──────────────────────┘
                         ↑
                       （理論化）
                   ┌──────────────┐
                   │  貸借対照表論  │
                   └──────────────┘
                         ↑
                       （形 成）
    法                                               法
    に                                               に
    よ       ┌────────────────────┐       よ
    る       │       会　　計　　学       │       る
    目       └────────────────────┘       目
    的                                               的
    指                                               指
    示                                               示
```

第3節　租税法と商法の関係

　わが国の法人税法は，各事業年度の所得金額を課税標準としており，その所得金額は，「当該事業年度の益金の額から当該事業年度の損金の額を控除した

金額とする」(第22条1項)と規定している。しかし,法人税の実際の計算では,益金の額および損金の額を,直接帳簿などからひろいだして課税所得を計算することはせず,株主総会の承認を得た企業会計上の利益(損失)の金額を出発点として,「別段の定め」(第22条2項,3項)に従い加算・減算をおこない課税所得が誘導される。

そしてこの前提となるのが,「内国法人は,……確定した決算に基づき……申告書を提出しなければならない」(第74条)との規定である。これがいわゆる確定決算基準といわれるもので,法人税法は,所得計算の基礎となる企業会計上の利益とその利益が算出されるに至る収益,費用だけでなく,貸借対照表および損益計算書のすべての金額およびその金額が算出されるプロセスまでを含めて,株主総会(社員総会)の承認を得ることにより,法人の意思としてそれらが決定したことを要求しているのである。

この場合の「企業会計」とは,商法の計算規定および「公正なる会計慣行」すなわち商法の目的に従い法規範化された「企業会計原則」および「一般に公正妥当と認められた企業会計の実務」による計算をいう(第5図参照)。

このような企業会計上の利益と課税所得とが異なる原因は,商法と法人税法の目的の相違から発生する。具体的には,「企業会計上の収益,費用と所得計算における法人税法上の益金,損金との概念の不一致」,「企業会計と税法での資本概念の不一致」,「税法における政策的な措置」などをあげることができる。

このように企業利益と課税所得との相違により,その調整計算が必要となるが,この調整項目には,確定した決算で処理すべき「決算調整項目」と,税務申告書で処理すべき「申告調整項目」とがある。

(1) 決算調整項目

決算調整項目は,確定した決算において所定の経理をしないと認められないもので,「内部取引事項」と「外部取引事項」とに分けられる。

① 内部取引事項　　減価償却（第31条），繰延資産の償却（第32条），圧縮記帳（第42条～第51条）各種法定引当金の設定（第52条～第56の２条）のような内部取引に関する項目については，「損金経理」すなわち「法人の決算において費用または損失として経理すること」（第１条25号）が損金算入の要件とされている。これらの項目はいずれも法人の意思決定によってのみ法人税法上の取引として取扱われる。

② 外部取引事項　　使用人の賞与（第35条３項），役員の退職給与（第36条），寄付金（第37条１項）などは客観的には外部取引である。しかし，これらの取引は利益処分の性格を有するところから，法人が利益処分や利益処分に準ずる場合あるいは明確な損金処理によって法人の意思を表示していない場合には，これらを費用または損失として取扱わないこととしている。

(2) 申告調整項目

申告調整項目は，課税標準である所得金額を企業会計上の利益から算出するために，法人税の確定申告書の別表四で加算・減算処理する事項のことである。別表四は加算欄，減算欄，仮計以下の欄で構成されている。

① 加算欄　　損金に計上した法人税（第38条１項），損金に計上した住民税（第38条２項），損金に計上した納税充当金（第38条１項），損金に計上した附帯税等（第38条２項），減価償却の償却超過額（第31条４項），交際費の損金不算入額（租税特別措置法第61条の４第１項），役員賞与の損金不算入額（第35条）など。

② 減算欄　　納税充当金から支出した事業税等の金額（第38条２項），受取配当金の益金不算入額（第23条），中間法人税・住民税等の還付金額（第26条），所得税額等の還付金額（第26条），資産の評価益（第25条），収用等の特別控除（租税特別措置法第61条の２），資本等取引（第27条）など。

③ 仮計以下の欄　　寄付金の損金不算入額（第37条），法人税額から控除

される所得税額（第40条），税額控除の対象とした外国法人税額（第41条）など。

以上のように，企業会計上の利益と課税所得の相違から生じる調整計算には，「決算調整項目」と「申告調整項目」とがあり，この二つの調整を「税務調整」という。

「税務調整」は第6図のように表すことができる。

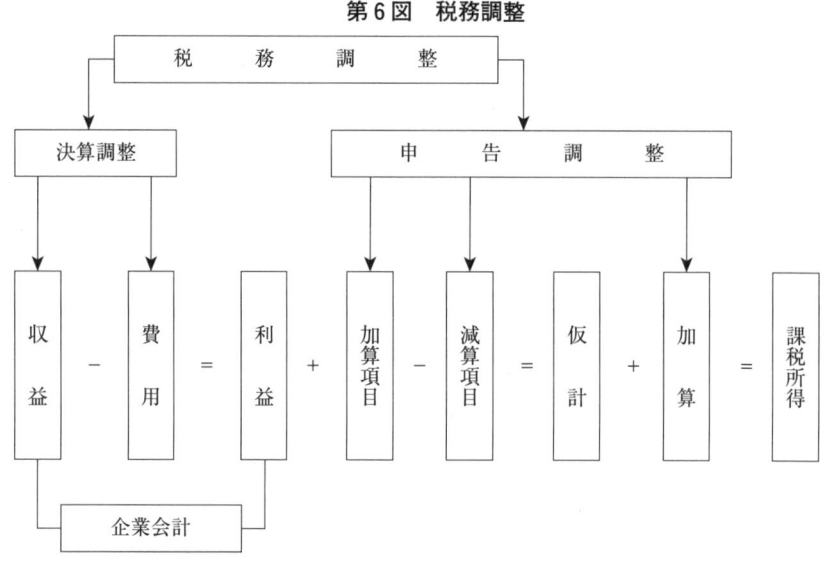

第6図　税務調整

また「決算調整項目」には，決算に際し期末修正事項として経理処理される項目だけでなく，「少額の減価償却資産」の損金経理などのように期中に処理されるものも少なくない。

企業の期中の経理処理からはじまり，課税所得が算出されるまでのプロセスは，第7図のように表すことができる。

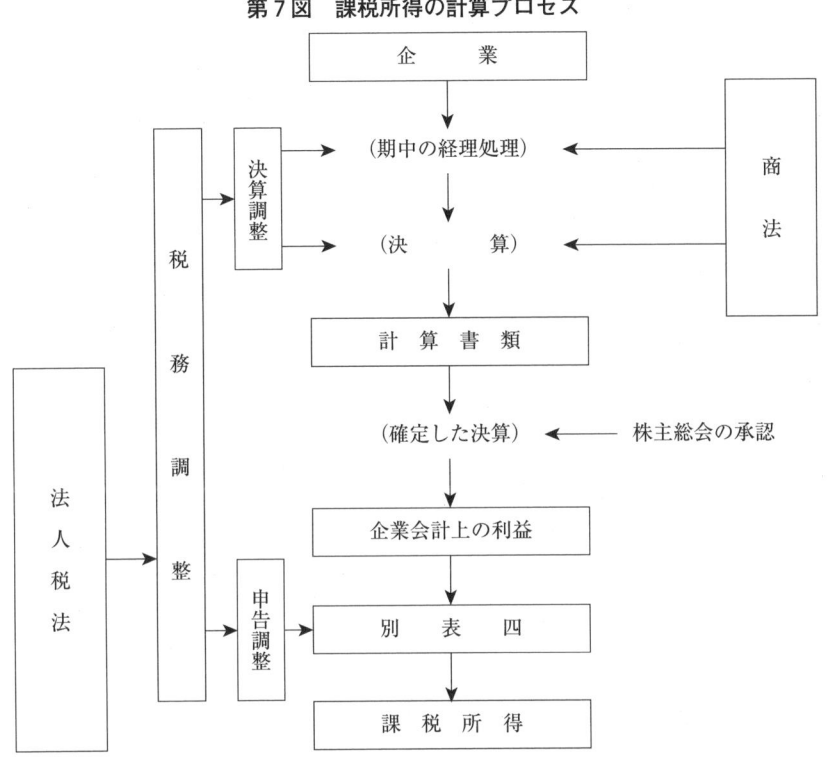

第7図　課税所得の計算プロセス

　「商法における利益の算出」と「法人税法における課税所得の算出」が，計算書類の株主総会の承認を境界として両法の適用範囲が完全に峻別されるならば，税務調整は「申告調整」だけの問題となり，商法と法人税法の関係は，株主総会で承認を得て確定された企業会計上の利益を基礎として課税所得を算出するという関係のみが存在することになる。その結果，利益を算出するための商法上の法規範（基準）を法人税法が取り入れているだけの関係が生じるだけである。しかし現実には，法人は「決算調整」において法人の意思決定により「損金経理」をおこなわなければ，「申告調整」においては費用または損失として経理処理することができないため，通常法人は「損金経理」を選択するであ

ろうから，法人税法の基準が商法の計算規定に機能することになる。この結果，税法上の「一般に公正妥当と認められる会計処理の基準」は，「企業会計原則」，「一般に公正妥当と認められた企業会計の実務」，「商法の計算規定」を包括するのと同様に，商法上の「公正なる会計慣行」は，「企業会計原則」，「一般に公正妥当と認められた企業会計の実務」のみを指すものではなく，「法

第8図 法制度と会計の関係（4）
法規範化プロセス

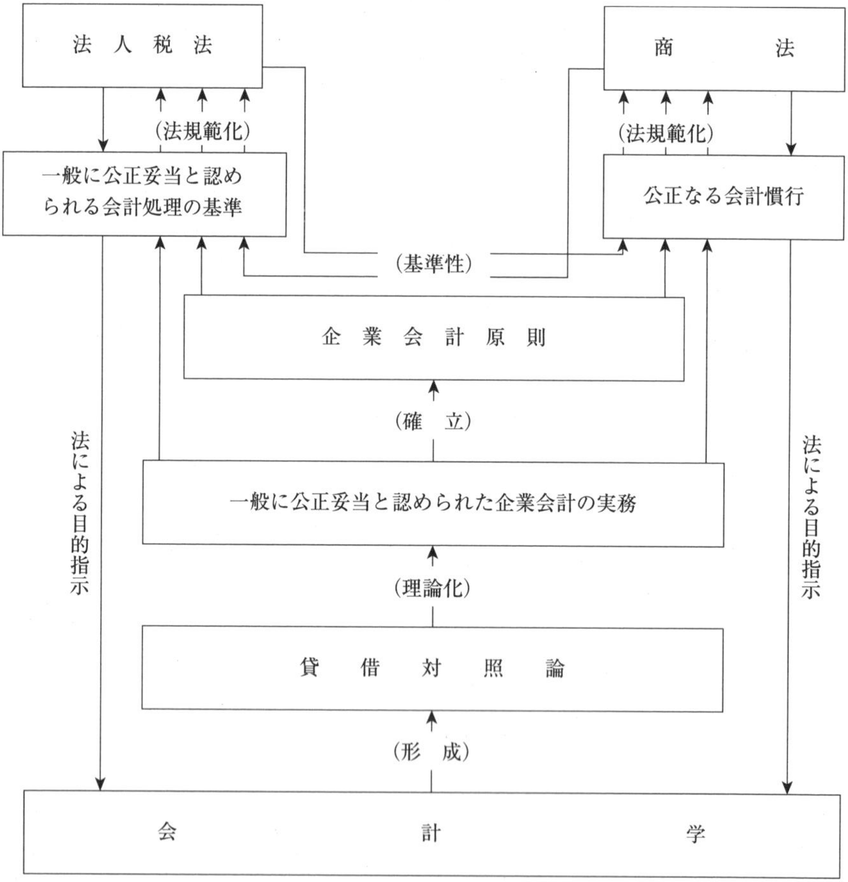

人税法の所得計算規定」をも包括することになる。このように，法人税法と商法は互いに基準性を有することが明らかになる。

現行の法人税法と商法の関係は第8図のように表すことができる。

この「税務調整」にかかわる法人税法と商法の関係は立法段階において当然に考慮されたものであると思われるが，租税法と商法の関係の中には，立法段階で予期されていないケースも存在する。商法第293条ノ2と所得税法第25条2項2号，法人税法第2条18号の関係もその一つである[17]。

商法第293条ノ2は「会社ハ利益ノ処分ニ関スル株主総会ノ決議ヲ以テ配当ヲ為スコトヲ得ベキ利益ノ全部又ハ一部ヲ資本ニ組入ルルコトヲ得」と規定する。ここにいう「配当ヲ為スコトヲ得ベキ利益」は法人税法上「利益積立金額」(法人税法第2条18号)に含まれるため，このような利益の資本組入れは，「みなし配当」(平成13年改正前所得税法第25条2項2号)に該当するので，所得税法上は株主に対する同額の利益配当とみなされる。利益配当をする会社は，配当をする際に株主から所得税を徴収し，翌月の10日までに，これを国に納付しなければならない(所得税法第181条1項)。しかしこのような短期間にすべての株主から所得税を確実に徴収することは実務上不可能であるため，どの会社も資本組入れ決議と平行して，この所得税にあてる金額の利益配当決議をおこない，これを源泉徴収して納付することとなる。この結果，商法上は「利益の全部または一部」の資本組入れができることとしているが，実務上配当可能利益の「全部」を資本に組入れることは事実上不可能になる。

このように商法第293条ノ2，所得税法第25条2項2号，法人税法第2条18号の各条項は，個別の規定としては何等の問題点も持つものではないが，「みなし配当」というケースでは，実務上税法の規定が結果として商法の規定に実質的な「変容」あるいは「制限」を生じさせることになる。このような税法による商法の「変容」あるいは「制限」は，平成13年の所得税法で「みなし配当」課税が廃止されるまで継続した。そしてこの「みなし配当」課税の廃止

は，かかる税法による商法の「変容」あるいは「制限」を排除するためにおこなわれたわけではなく，「近年の経済情勢等を踏まえた，企業組織再編成に係る税制の整備」の一環としてなされたものである。

結　　論

　法制度，特に法人税法および商法と会計の関係は，企業の成果測定という面に限定した場合，「企業会計原則」，「一般に公正妥当と認められた企業会計の実務」，「貸借対照表論」および「会計学」は法律学に属する分野であると考えられる。すなわち，課税所得あるいは企業利益の計算という領域では，会計は法の施行の一部分である。現代の会計学は，非常に広範な研究対象をもつものであるが，企業の成果測定という面に限定した場合，租税法および商法のそれぞれの目的から生じる要請（指示）を考慮しない「会計学」，「貸借対照表論」は法規範化プロセスから逸脱したものといわざるを得ないからである。

　また，法人税法と商法は，互いに基準性をもち，「一般に公正妥当と認められる会計処理の基準」と「公正なる会計慣行」を通して法規範化される関係にあることも明らかである。また，このような基準性とは異なる場面で，租税法特有の「節税指向」や「付帯税等のペナルティ」などの誘引により，税法が商法に「変容」や「制限」などを生じさせる恐れも存在する。

　このような「関係」をみると，税法研究者が租税法の分野だけを研究対象とし，商法研究者が商法の分野だけを研究対象とし，会計研究者が会計の分野だけを研究対象とすることが，現実の社会の実態からいかに乖離したものであるかが明らかになる。

　特に歴史的に公法的な研究対象であった租税法は，今後ますます私法的研究の重要性を増すであろう。

1) 金子　宏『租税法』弘文堂，昭和61年，35頁。
2) 遠藤一久『現代の会計』森山書店，1991年，において詳細に研究されている。
3) 大陸法に関する論述は，次の文献による。三室堯麿『現代社会と法』静進堂，平成5年，33頁-34頁，参照。
4) ドイツ企業会計制度の特徴については，遠藤一久，前掲書，第2章参照。
5) 田中耕太郎『貸借対照表法の論理』有斐閣，昭和19年，3頁。
6) 谷山治雄『日本の税法』東洋経済新報社，昭和41年，157頁。
7) 忠佐市『課税所得の概念論・計算論』大蔵財務協会，昭和55年，214頁。
8) 谷山治雄，前掲書，158頁。
9) 田中耕太郎，前掲書，序文3頁。
10) 同，34頁-35頁。
11) 同，36頁。
12) 同，37頁。
13) 同，44頁。
14) 同，44-46頁。
15) 昭和20年3月の税制改革により，資本金500万円以上の法人および特殊な法人について申告納税制度が導入されたが，この制度は，戦時中の戦火の中から誕生したもので国庫主義的目的をもったものであり，一般的には，昭和22年の税制改正により賦課課税制度から申告納税制度に変更されたとされる。(谷山治雄，前掲書，85-86頁。)
16) 忠佐市，前掲書，214頁。
17) この関係については，次の文献による。竹内昭夫「税法による商法の変容について」，『企業法学』1992年 Vol. 1，商事法務研究会，13頁以下。

第2章　租税制度と現代会計の存立形式

序　　論

　21世紀になってアメリカ経済を根底から揺るがす大事件が発生した。エンロンに端を発した会計操作による粉飾である。当初はエンロン1社の不正経理とみられていたが，ワールドコム，ゼロックス，AOLタイム・ワーナー，Kマートほか多数の企業でも粉飾が行われ，同時に監査法人や証券業界等をもまきこんだ問題であることが明らかになり，一気にアメリカの「会計不信」にまで発展してしまった。これらの一連の不正経理が発生した原因はいろいろな観点から分析されつつあるが，その根底にあるものは「会計制度の存立形式」の違いと「税法上の所得の計算体系」の違いであると思われる。

　「会計制度の存立形式」には，ドイツに代表されるように法制度として存立するものと，アメリカに代表されるように法制度として存立しないものがある。「税法上の所得の計算体系」は，ドイツに代表されるように企業利益をもとに所得を導き出すものと，アメリカに代表されるように企業利益とは関係なく税法独自の計算体系で所得を算出するものがある。

　本稿では，経済現象と会計実務・税務会計実務および会計制度・租税制度の関係を明らかにし，ドイツとアメリカにおける「会計制度の存立形式」の差異

と「税法上の所得の計算体系」の差異の分析を通じて，租税制度と現代会計制度の関係を明らかにするものである。

第1節　ドイツの会計制度と所得の計算体系

1．ドイツ会計制度の特徴

　ドイツの会計制度の特徴は，社会規範の中でも最も強制力を有する法制度として存立していることにある。すなわち会計制度は，商法典[1]の中に取り込まれることによって法の下でその権威化が図られている。商法典における帳簿記帳義務および年度決算書作成義務に関する諸規定は次のとおりである。

商法典（HGB：Handelsgesetzbuch,）
【第238条1項】
　すべての商人は，帳簿を記帳し，かつ，その帳簿上に自己の取引および財産状態を正規の簿記の諸原則に従って明瞭に記載する義務を負う。帳簿の記帳は，その記帳が専門的資格を有する第三者に対して，相当なる期間内に取引と企業状態に関する要覧を伝達しうるような性質のものでなければならない。取引はその発生から終了まで追跡しうるものでなければならない。
【第243条1項】
　年度決算書は，正規の簿記の諸原則に従って作成されなければならない。
【第264条】
1）資本会社の法定代表者は，附属説明書を追加することにより年度決算書（第242条）を拡張し，かつ，状況報告書を作成しなければならない。この附属説明書は貸借対照表および損益計算書と一体を成す。前営業年度に関する年度決算書および状況報告書は，当営業年度の最初の3ヶ月以内に法定代表者によって作成されねばならない。小資本会社（第267条第1項）において正規の会

計処理に合致するときは，これ以降にも年度決算書および状況報告書を作成することができる。ただし，当該証拠書類は当営業年度の最初の6ヶ月以内にこれを作成しなければならない。

2）資本会社の年度決算書は，正規の簿記の諸原則を遵守したうえで，資本会社の財産状態，財務状態および収益状態の実質的諸関係に合致する写像を伝達しなければならない。特別の事情により，年度決算書が第1文にいう実質的諸関係に合致する写像を伝達しないときには，附属説明書に追加的記載をおこなわなければならない。

また，商事貸借対照表に表示すべき項目とその内容に関する諸規定は，次のとおりである。

商法典（HGB）
　第2章　資本会社（株式会社，株式合資会社および有限会社）に関する補完
　　　　規定
　第1節　資本会社の年度決算書および状況報告書
　第2款　貸借対照表
　　第266条　貸借対照表の項目分類
　　第267条　規模別分類
　　第268条　貸借対照表個別項目に関する諸規定，貸借対照表注記
　　第269条　営業経営の開業費および拡張費
　　第270条　特定項目の設定
　　第271条　資本参加，結合企業
　　第272条　自己資本
　　第273条　準備金部分を有する特別項目
　　第274条　租税の期間区分

2．ドイツ租税法上の所得の計算体系

　ドイツ租税法上の所得は，「税務貸借対照表にいかなる項目が表示されるか」[2]という問題である。しかしながら，所得税法はその表示の範囲を「経済財（Wirtscaftsgüer）」（所得税法第5条2項）と規定するだけで，税務貸借対照表の表示項目とその内容についての具体的な規定は存在しない。

所得税法（ESTG：Einkommensteuergesetz）
【第5条第1項】
1）法律の規定に基づき帳簿を記帳し定期的に決算をおこなう義務を負う事業者，または，かかる義務なしに帳簿を記帳し定期的に決算をおこなう事業者は，事業年度末に商法上の正規の簿記の諸原則に従って明示すべき事業財産（第4条2項1文）を表示しなければならない。
2）利益の算出にあたって税法上の選択権は，商法上の年次貸借対照表と一致する範囲で行使されなければならない。

　このようにドイツでは，税法上の所得は，一般的に「商事貸借対照表を基準として税務貸借対照表が作成される」という算出プロセスをとるといわれている。これがいわゆる「基準性の原則」である。この基準性原則については，伝統的には「税務貸借対照表は商事貸借対照表を基準として誘導されたもの」という解釈が支配的であった。この伝統的解釈に対して，近時の支配的な見解は「税務貸借対照表に対する商法上の正規の簿記の諸原則の基準性」である。この基準性原則に関する解釈の転換のきっかけとなったのがフレーリックスの理論[3]である。彼の理論は次のように要約できる。「税務貸借対照表は独立の貸借対照表であって，誘導された商事貸借対照表ではない。しかし，2つの貸借対照表は，いずれも経済的実現成果の確定を目的とする点においては一致している。したがって，簿記および年度決算書の目的から誘導される正規の簿記

の諸原則も共通であり，その表示は正規の簿記の諸原則に従って行われなければならない」[4]。

「伝統的な基準性」の観点に立脚すると，商事貸借対照表（商法典）から税務貸借対照表が誘導されるが，近時支配的な「正規の簿記の諸原則の基準性」に立脚すると，商事貸借対照表（商法典）も税務貸借対照表も独立したものであり，両者はともに「正規の簿記の諸原則」を基準として作成されることになる。このように税法独自の所得計算体系を有しないドイツでは，商事貸借対照表と同様に，「正規の簿記の諸原則」[5]の下に税務貸借対照表が作成され所得が算出される。

3．租税法および商法典と会計実務，経済現象の関係

ドイツにおける租税法および商法典と会計実務，経済現象の関係は，新しい経済現象が会計実務に影響を及ぼし（合理化要請），この新しい経済現象が法制度化され，法的に合理化される過程として説明することができる。

コンピュータ援用（EDV：Elektronische Datenverarbeitung）会計実務[6]を一例として取り上げると，コンピュータが一般社会で広範に利用されるようになると，その機能性・利便性・経済性等の理由から会計処理実務においても当然のこととしてコンピュータを援用することになる。しかし，商法典と租税法はともにEDV会計を想定していないため，会計実務では，「EDV会計の法的な許容」すなわち「EDV会計の法的制度化の要求」が発生する。EDV会計は，結果として，法の許容できうるものであったため，ドイツでは，まず租税法において制度化され，つづいて，このEDV会計に関する租税法上の諸規定は，ほぼそのままの形で商法典においても制度化された。この経済現象から会計実務を経て法制度が形成されるまでの過程を「法制度の実質的形成過程」という。

EDV会計が法制度化されたことにより，新しい会計実務には法的な効力が付与され，会計処理にコンピュータを援用する経済現象は合理化されることな

る。この法制度から会計実務を経て経済現象が合理化されるまでの過程を「法制度の形式的展開過程」という。

このようなドイツにおける，租税法および商法典と会計実務，経済現象の関係は第1図に表すことができる。

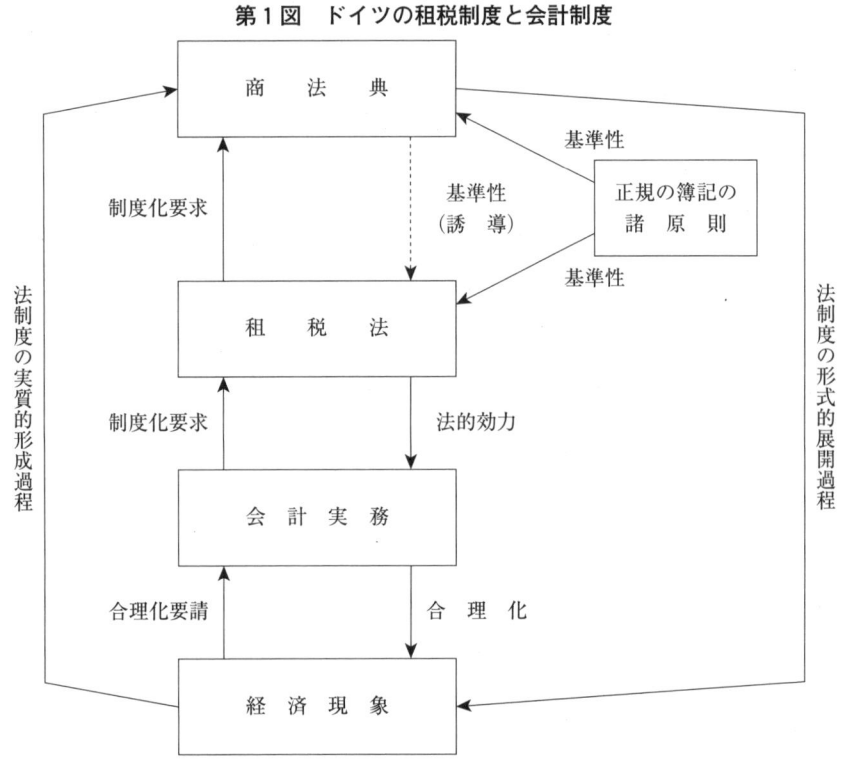

第1図 ドイツの租税制度と会計制度

```
                        商 法 典
           ┌──────────────────┐
           │                          │  基準性
           │            ↓             ├──── 正規の簿記の
  制度化要求│       基準性             │      諸 原 則
           │       (誘 導)            │  基準性
法          │            ↓             │                          法
制          │        租 税 法          │                          制
度          └──────────────────┘                          度
の                       ↑                                          の
実          制度化要求              法的効力                         形
質                       │              │                           式
的                       │              ↓                           的
形                   会 計 実 務                                     展
成                       ↑              │                           開
過                       │              │                           過
程          合理化要請              合 理 化                         程
                         │              ↓
                     経 済 現 象
                         └────────────←
```

第2節　アメリカの会計制度と所得の計算体系

1．アメリカ会計制度の特徴

アメリカでは，会社法[7]に配当制限（配当可能利益）に関する規定は存在す

るが，企業会計に関する規定は存在しない。したがって，アメリカの会計制度の特徴は，法制度として存立していないことにある。アメリカでは，一般目的の会計基準である「GAAP：Generally Accepted Accounting Principles（一般に認められた会計原則）」は，一般的承認を得ることによって権威化され，法に依拠することなく会計そのものの側で，一般的承認を得る機構・制度を形成・確立している[8]。

GAAPの形成過程は，次のように説明されている。

「GAAP形成を実際に担当しているのはアメリカ公認会計士協会である。しかも，アメリカ公認会計士協会が中心になって形成するプロナウンスメントはGAAPの中心的構成部分ではあるが，GAAPの一例であり，多様な方法の中から企業が自己に適したものを自由に選択するというGAAPのあり方のもとにおいては，その選択した方法について会計士が適否の判断をくだす位置にあり，専門家としての判断にゆだねられる余地が大きい。したがって，アメリカ会計制度のあり方は，GAAPの形成とその適用の二重の意味で会計士団体の権威に依拠している。したがって，会計士業をプロフェッションとして，そして会計士協会をプロフェッショナルの協会として位置づけることが制度のあり方からして必要とされるし，そのための権威化装置が不可欠となっている。証券取引委員会（SEC：Securities and Exchange Commission）が連邦証券諸法にもとづいてもつ会計原則形成権限の行使を会計士協会にゆだねていることも，会計士協会の権威を強化するものとなっている。」[9]

2．アメリカ租税法上の所得の計算体系

GAAPが一般目的会計であるのに対して，税務会計は特殊目的会計である。アメリカでは，一般目的の会計基準であるGAAPが租税法に基づく特殊目的の会計の基礎となる，という制度的関係が一般に成り立っている[10]。しかしながら，現実には租税法には固有の会計規定が存在し，それがますます多くなり複

雑になってきている。税務会計上の計算体系は，処理内容としても，概念的にもGAAP会計とは異なるものをもっている[11]。

このようなアメリカにおける会計制度と租税法の関係を図示したものが第2図である[12]。

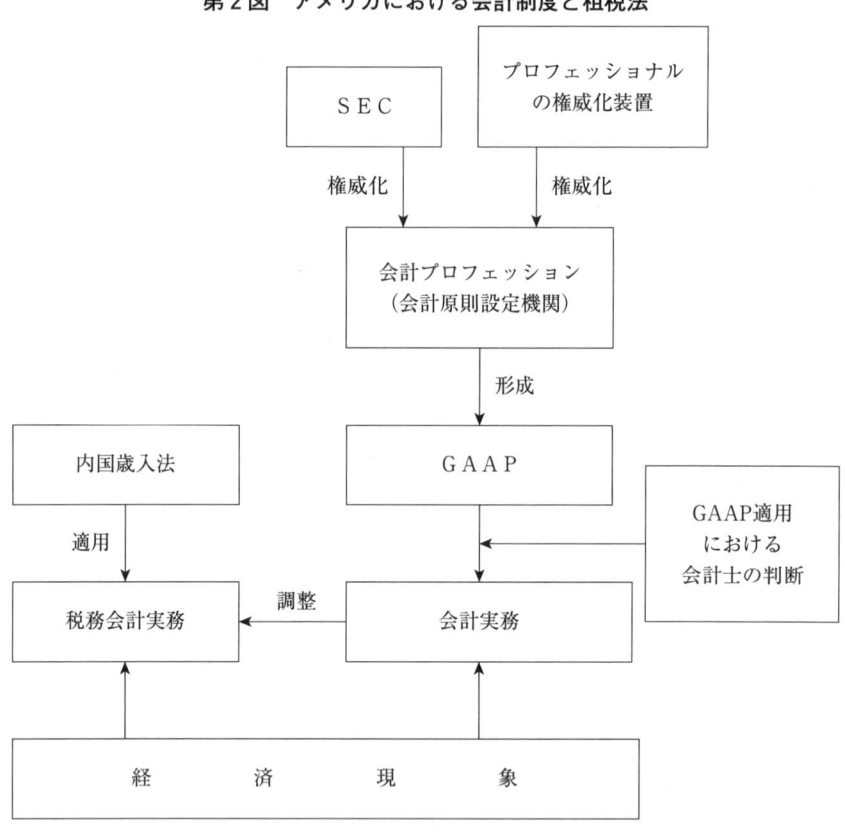

第2図　アメリカにおける会計制度と租税法

```
        ┌─────────┐       ┌─────────────┐
        │   SEC   │       │ プロフェッショナル │
        │         │       │  の権威化装置  │
        └────┬────┘       └──────┬──────┘
             │ 権威化            │ 権威化
             ▼                   ▼
        ┌─────────────────────────┐
        │    会計プロフェッション      │
        │   （会計原則設定機関）      │
        └────────────┬────────────┘
                     │ 形成
                     ▼
  ┌─────────┐   ┌─────────┐      ┌──────────┐
  │ 内国歳入法 │   │  GAAP   │      │ GAAP適用  │
  │         │   │         │      │ における  │
  │         │   │         │      │ 会計士の判断 │
  └────┬────┘   └────┬────┘      └─────┬────┘
       │ 適用         │                 │
       ▼      調整   ▼                 │
  ┌─────────┐◀────┌─────────┐◀────────┘
  │税務会計実務│     │ 会計実務 │
  └────▲────┘     └────▲────┘
       │               │
       └───────┬───────┘
               │
        ┌──────┴──────┐
        │  経 済 現 象  │
        └─────────────┘
```

結　　論

以上のように税法独自の所得計算体系を有しないドイツでは，商事貸借対照

表と同様に,「正規の簿記の諸原則」の下に税務貸借対照表が作成され所得が算出される。それゆえ,商事貸借対照表の利益と税務貸借対照表の利益(所得)は同一の方向性をもつものとなる。すなわち,税負担の軽減を念頭に置く場合,企業の会計処理の選択において「利益縮小」の観点がはたらく。同様の現象は,わが国においてもみられる。個人の株式投資性向が低いこともさることながら,企業間の株の持ち合いが多くみられる日本では,利益を拡大し配当性向を高める会計選択よりも,利益縮小の会計選択がなされる傾向が強い。「確定決算基準」により,利益の拡大は租税負担の増加につながるからである。

これに対して,アメリカでは,GAAPは一般目的の会計基準であり,税務会計は特殊目的会計である。また,税務会計上の計算体系は,処理内容としても,概念的にもGAAP会計とは異なるものをもっている。この結果,両者が表示する経済的実現成果,すなわち企業会計上の利益と租税法上の所得に乖離を生じる余地が存在し,税務会計処理は「利益の縮小」を,企業会計処理は「利益の拡大」を志向するということである。

アメリカには,歴史的に「ワンダラー・カンパニー(1ドル会社)」という言葉がある。この言葉は,企業が大資本を出資して会社を設立するのではなく,「最低限の資本でまず会社を設立し(投資の受皿をつくり),資本家から投資を得ようとする会社」という意味である。アメリカでは伝統的に株価の上昇によるキャピタルゲインを獲得することよりも,利回りをより重要視して投資がなされる傾向が強いといわれる。この結果,所有と経営の分離が高度に進んだアメリカでは,企業経営者にとって,多数の投資家から多額の資金を獲得するためには,企業活動を通じてより多くの利益を獲得し高配当をおこなうことは当然のことであった。しかしながら,1970年代にファンドマネーが登場して,利益の拡大とともに株価の上昇も経営者の大きな使命となり,利益拡大・株価上昇という傾向に拍車がかかった。これがいわゆる「株式資本主義」と称されるものである。株式資本主義のもとでは,「会社はすべて株主のもの」であり,

「経営者は株主利益を最大にするよう努力しなければならない」。ファンドマネーを中心とする株主のこのような要求により，経営者もより専門的になり，成果目標を達成できた場合には莫大な報酬が約束されるようになった。また，成功報酬に加えてストックオプションが経営者に与えられたことも，経営者に株価上昇志向をもたせる大きな要因であろう。

このように，エンロン事件は，税務会計上の計算体系がGAAP会計の計算体系とは異なることを一因として，起こったと考えるのが相当である。

この粉飾事件は，エンロン1社にとどまらず多数の有名企業でも粉飾が行われ，同時に監査法人や証券業界等をもまきこんだ問題となり，アメリカの「会計不信」にまで発展してしまった。この背景には，アメリカの会計制度の存立形式，すなわち「GAAPの存立形式」がより大きく関係している。SECとプロフェッショナル（公認会計士協会）の権威を背景にプロフェッション（会計原則設定機関）により形成されるGAAPは，設定機関の会計プロナウンスメントであり，基本的には職業会計士の業務基準であるがゆえに，法改正の手続きを取ることなしに，経済的状況の変化に応じて自由に付加したり修正することができる[13]。これは，英米法のコモンローに通じるものである。しかし，コモンローは法であるが，GAAPは法ではない。また，会計原則設定機関は政府機関ではなく民間機関である。さらに，会計士はGAAPの形成に関与するだけでなく，GAAPの適用にも会計士の判断が関与する。このようなシステムの中では，会計士および会計士協会が社会的に高い権威を維持している限り，アメリカ会計制度は社会的な存在意義をもつ。しかし，今回の一連の事件のように，会計士だけでなく所属する監査法人までが事件に加担していれば，アメリカ会計制度そのものの不信にいきつくのも致し方ないように思われる。グローバル・スタンダードの旗手を自他ともに認めるアメリカでの今回の事件ゆえに，世界の株価に大きな影響を与えたのである。

1) 商法典の日本語訳については，宮上一男・W. フレーリックス監修『現代ドイツ商法典（第2版）』森山書店，1993年を参照。
2) 遠藤一久『現代の会計』森山書店，1991年，183頁。
3) Freericks, W., Bilanzierungsfähigkeit und Bilanzierungspflicht in Handels- und Steuerbilanz, 1976. s. 287ff　W. フレーリックス著　大阪産業大学会計研究室訳『現代の会計制度』第2巻税法編，森山書店，1987年，377頁以下。
4) 石原肇『現代会計情報論』森山書店，1993年，228頁以下。
5) 「正規の簿記の諸原則」に関する研究は，前掲，遠藤一久，『現代の会計』において詳細になされている。
6) コンピュータを援用する会計の法規制については，第8章参照。
7) 各州会社法および模範事業会社法（MBCA：Model Business Corporation Act）。
8) 宮上一男編『現代の会計Ⅰ』（会計学講座9）世界書院，昭和59年，29頁。
9) 同上，30頁。
10) 同上，4頁。
11) 加藤盛弘『一般に認められた会計原則』森山書店，1994年，198頁。
12) 図表3は，前掲，宮上『現代の会計Ⅰ』30頁の第2図「GAAP形成方式」および前掲，加藤『一般に認められた会計原則』173頁の第7図をもとに作成したものである。
13) 宮上一男編，前掲書，3頁。

第3章　社会の変化と租税法

序　　論

　現代社会において租税制度に最も大きな影響を及ぼしている経済現象は，資本のグローバル化すなわち容易に「資本」が国境を越えて移動が可能になってきたことであろう。この結果，租税法の分野において国際的整合性という新しい問題が提議されるようになってきた。元来課税権は国家主権に属する権限であり，租税制度は歴史・文化・社会・地理などを反映するその国独自の制度として成立してきたものである。しかしながら，現代社会では一国の租税制度が他国と大きく異なる場合には容易に資本のクロスボーダー取引が生じる。また可動性が比較的低いといわれていた「人」についても，高度な知識や技術をもった者や富裕層の国際的な可動性はますます高くなると思われる。

　本章では，租税法の国際的整合性の分析を通じて，高度成長社会の終焉後の現代社会における租税法の機能について考察するものである。

第1節　国際的競争力と租税法

　加盟国内での物・人・役務・資本という生産財の自由な移動の実現を目指し

たEC (European Community) では，かなり早い段階から租税制度の調和化・統一化が議論の対象となってきた。EC条約（ローマ条約）第3条（a）は物の自由移動を掲げており，1968年7月1日，ECでは関税同盟が創設され域内関税が撤廃された。ところが現実には国内法によって国内市場や産業の保護政策がとられるという結果を生じさせた。このような「非関税障壁」に対して，欧州裁判所は「関税と同等効果をもつ措置」(taxes having equivalent effect to customs duties) あるいは「数量制限と同等効果をもつ措置」(measures having equivalent effect to a quantitative restriction) を定義しこれらの排除に大きな役割を果たしてきた[1]。

しかしながら，EC条約第99条に間接税の調和化が掲げられているように，当初から関税の廃止だけでは公正な競争市場を確立し，物の自由移動を促進することは不可能であると考えられていたのである。このため，1967年には加盟国間で既存の売上税を共通の制度に基づいて課税する付加価値税（VAT：Value-Added Tax）に変更することを合意した。現在EU加盟各国の付加価値税は，標準税率15％以上で25％を上限とすることとなっている。

一方直接税の統一化は，EEC条約第3条（c）に掲げる資本の自由な移動のために必要であると理解されていた。1963年ノイマルク委員会提案の後長いブランクを経て，1988年6月の資本移動自由化第4号指令の採択を契機として再び直接税特に法人税統合の必要性が強く認識されるに至った。しかし結果的には間接税分野に比較して直接税の統合は進展していない[2]。

このように経済通貨統合を成し遂げたEUでさえ，法人税の統一化は，その必要性を強く認識されていたにもかかわらず，非常に難しい問題であることが明らかである。しかし重要なことは，これら一連の議論の中で「国際的競争力」がその中心に置かれていた事である。加盟国内での異なる税制，特に税率が大きく異なる場合には加盟国間で「国際的競争力」が働き結果的に「公正な市場の確立」が阻害されるということである。

第2節　社会構造の変化と租税法

　いわゆるバブル経済が崩壊してすでに10年を超える年月が経過しているが，わが国の経済動向は依然好転の兆しを見せない状態が続いている。近年のわが国の国家予算は80兆円で，そのうち租税収入は50兆円，残りの30兆円を国債発行で補うという赤字財政が続いている。実に国家予算の3分の1を超える金額を我々国民からの借金に頼っている計算になる。国債の発行残高を含めこれらの借金の総額は700兆円[3]で，国民所得500兆円の1.4倍，個人の金融資産1,400兆円の半分に相当する。

　これは，バブル経済崩壊後の不況対策としてとられてきた従来型の経済政策，すなわち大型公共投資と内需拡大のための減税によってもたらされたものである。経済状況が好転していれば，租税収入の自然増大とインフレ効果により赤字国債の発行は解決されていたであろう。しかしながら，このような従来型の経済政策は現実には機能してこなかった。

　戦後の右肩上がりの高度経済成長期には，大企業であっても中小企業であっても，上位企業であっても下位企業であっても，それなりに業績は拡大し発展をとげることが可能であった。また，行政もこのような状態を支えてきた。典型的な例として，銀行業界における護送船団方式と称された銀行行政をあげることができる。弱者保護という名のもとに，市場原理を制限するいわゆる「社会資本主義」といわれるものである。

　これに対し近年は，同一産業分野に属する企業間において「勝ち組」と「負け組」という言葉がよく用いられる。順調な「市場規模の拡大」が当然でなくなり，規制を維持できなくなった現在，限られた市場をめぐって企業の存続をかけた競争が始まっている。この競争は，国内産業（例えば「大店法」によって保護されてきた流通業界）においてさえ，規制撤廃により国際的な競争となって

いる。

　これらの変化は，産業構造の変化というよりも，企業が存在する社会の構造そのものが大きく変化したと考えるべきである。市場が「発展過程」から「充実過程」へと変化してきた。換言すると「高度成長社会」から「成熟社会」へと社会構造が変化してきたのである。「高度成長社会」には経営の多角化等により規模の拡大を目指した企業も，「成熟社会」では経営の効率化を目指してより競争力のある事業分野へと経営の特化を図っている。

　このような現象はわが国特有のものではない。ジェットエンジンから金融まで200を超える事業分野に進出し，なおかつ好調な業績をあげていたにもかかわらず，アメリカのジェネラル・エレクトリック社は，世界で最も競争力のある企業の構築を目標として「ナンバー１，ナンバー２戦略」をとった。それぞれ事業分野の世界市場で第１位あるいは第２位を占めることができない事業を売却したのである[4]。

　このように「成熟社会」では，企業は，生存競争を勝ち抜くために，より「国際的競争力」を持った組織の構築を目指すこととなる。また，既存の市場が高度経済成長時代のように順調な拡大を見込めない以上，「成熟社会」では新たな産業分野・新たな市場の創設が必要不可欠であり，さらに「国際的競争力」がより重要なキー・ワードとなる。

　一時は「半導体の王国」と称された日本が落日の憂き目に会う一方，台湾が半導体分野で世界最大の生産受託基地にのし上がってきた。半導体に代表されるハイテク産業は設備を次々に更新しないと激しい国際競争から脱落する。台湾の実効税率は25％で，わが国の40.87％の６割であり，さらにハイテク産業には数々の優遇税制が適用される。「台湾や韓国に追い上げられた大きな原因は税制にある」というのが日本の半導体メーカーの一致した見方であるという[5]。

結　　論

　租税の意義は，従来「公的欲求（財政需要）の充足」,「富の再配分」,「景気調整」の3つがあげられてきた[6]。

　「公的欲求（財政需要）の充足」すなわち公共サービスの財源調達は租税の最大かつ本源的な機能である。

　「富の再配分」とは，所得税における累進課税と社会保障の組合せにより所得の再配分を行い，富の格差を是正し，福祉の行き届いた活力のある社会を創り出すことを目的とするものである。しかし，現実には累進課税と社会保障が進みすぎると逆に「社会の活力をそぐ」という指摘がある。また，現代の社会では，「結果の平等」より「機会の平等」が重視され，所得の再配分のもつ社会的意義は相対的に小さくなっている。

　「景気調節」とは，裁量的な財政政策により，景気の過熱期には政府支出の削減や税負担の増加により投資と消費を抑制することができ，景気の後退期には政府支出の増大（公共事業の拡大）や税負担の軽減により景気を刺激することができると一般に説明される。つまり，過熱期には増税により超過需要の発生やインフレを防止し，後退期には減税により可処分所得が増大することを通じて景気を拡大させるということである。しかしわが国では，景気の過熱期に租税の自然増収を財源とする減税は行われてきたが，増税は実施されたことは無い。また過去不況対策として実施されてきた大型公共投資と内需拡大のための減税という従来型の経済政策は，バブル経済崩壊以降ほとんど機能してこなかった。

　課税最低限の高さから可処分所得が大きいわが国では，所得税の減税が直ちに内需の拡大に結びつかない。また，個人の金融資産1,400兆円の半分を65歳

以上の高齢者が保有しているといわれるように，わが国では将来の不安に備えて貯蓄をしている。くわえて，終身雇用制度と年功序列という日本式経営が揺らいでいることが，雇用不安を引き起こし，より預金性向を強くしている。

このように従来一般的に説明されてきた租税の機能は大きく変化していることが明らかである。では，租税の現代的機能はどこにあるのか。キー・ワードは「国際的競争力」である。EU（European Union）における法人税の統一化の動きからも明らかなように，租税制度特に税率が他国と大きく異なる場合には国家間に「国際的競争力」が働き，「公正な市場」の確立が阻害される。しかし，法人税を中心とする租税制度の国際的な統合が非常に困難であることは前述のとおりである。この結果，「公正な競争市場」の確立が非現実的である以上，租税制度がその国の国際的競争力を大きく左右することになる。「成熟社会」では，国家が国際的競争力をもつことにより，企業の国的競争力は回復し経済が活性化する。換言すると，「企業の活性化」の重要性を認識しなければ，経済の回復はますます遠のくだけでなく，産業および人的資源の空洞化を招くことになる。特に新しい産業分野を創り出すためには，税率だけでなく実効性のある優遇措置も視野にいれた国家としての戦略を構築することが不可欠である。現代社会では，租税制度は「国家戦略」の一環として位置付けなければならない。

1）山根裕子『EC／EU法』有信堂高文社，1996年，173頁。
2）ECにおける税制の統合に関しては，第6章，第7章参照。
3）平成14年6月末現在，国債残高463兆6,417億円，借入金残高106兆8,853億円，政府短期証券残高56兆8,630億円，政府保証債務残高58兆6,008億円の合計685兆9,908億円になる。
4）楠木　建「人と組織のロジカル・マネジメント」『プレジデント』2002年4月15日号，77頁。
5）『税と活力1』読売新聞平成14年5月28日朝刊より。
6）金子　宏『租税法』弘文堂，昭和61年，1頁以下。

第4章　日本の税制の現状と課題

序　　論

　21世紀を迎え，日本の社会は様々な面で大きな変化の波にさらされている。バブル崩壊後わが国経済は長期間の低迷を続け，同時に膨大な財政赤字の累積が進行しつつある。また，少子高齢化が世界で一番進んでいる日本では，次の段階すなわち「人口の減少」という新たな局面を迎えている。

　税制では，経済対策として特別減税，大規模な個人所得課税および法人課税の恒久的な減税が実施され，少子化・高齢化の進展への対応や経済の活性化などの観点から，消費税の創設をはじめとする税制改革がなされてきた。しかしながら，わが国の経済は厳しい状況をなお脱しておらず，わが国の財政状況は，これらの景気対策の実施もあって，多額の公債発行に依存せざるを得ず，租税が果たすべき財源調達機能が極めて不十分となり，財政事情は極端に悪化しているのが現状である。

　今日の日本には20世紀の様々な問題が先送りされてきた。中でも財政構造の改革は，社会保障のあり方，国と地方との関係や経済社会のあり方まで視野に入れて取り組まなければならない問題である。歳出のあり方についての徹底した見直し論議はもちろんであるが，21世紀の税制のビジョンを早急に策定する

ことが最重要課題である。

　このような観点から，本章では，税制調査会の答申「わが国税制の現状と課題 ―21世紀に向けた国民の参加と選択―」（平成12年7月）を検証することにより，日本の税制の現状を分析するとともに税制調査会答申に対する私見を述べるものである。

第1節　租　税　の　機　能

1．公共サービスの財源調達機能

　我われは，日々の生活において様々な財やサービスを消費しているが，これらの財やサービスには市場メカニズムに委ねておいては十分に提供されないものがある。外交，防衛，警察，消防，司法，水道や道路などの社会資本，教育，社会保障などである。これらは国や地方公共団体が公共サービスとして提供しているものである。

　我われ社会の構成員は，日々様々な公共サービスの便益を享受している。公共サービスは我われが暮らしていく社会を形成していく上で必要不可欠なものである。この公共サービスの提供には費用がかかり，その費用を賄う財源を必要とする。さまざまな公共サービスの中には，個人が受ける便益が明確なものがあり，この場合その費用は手数料や保険料という形で便益を享受する者が賄うことになる。しかし，公共サービスの多くは，基本的には社会を構成する者が広くその便益を受ける性格のものであるので，受益と費用負担を直接結びつけることができない性格を有している。公共サービスは，社会の構成員が広く便益を受けるものであるから，直接の反対給付を伴わない租税という形で賄うことになる。

　このように，租税の最大かつ本源的な機能は公共サービスの財源を調達することにある。

2. 所得再分配機能

　租税は，個人所得課税や相続税の累進構造などを通じ，税金を負担する能力（担税力）のより高い者により多くの税金を課すことにより所得や財産の分配を是正し，公平な社会を創りだすという社会政策上の機能をもつ。

3. 景気自動調節・経済の安定化機能

　活力のある社会を創りだすためには，経済の安定が必須の要件である。個人所得課税や法人課税は，好況期には名目経済成長率の伸び以上に税収が増加して総需要を抑制する方向に作用し，不況期には逆に税収の伸びが鈍化して総需要を刺激する方向に作用することで，制度改正などを伴わず景気を自動的に調節して安定をもたらす機能（ビルトイン・スタビライザー機能）をもつ。

　また，租税は制度改正を通じて積極的に経済を安定化させる機能をもつ。不況期には，減税による可処分所得の増加を通じ景気を拡大させ，加熱期には，増税により超過需要の発生やインフレを防止するという財政政策がこれである。

4. 小　　結

　公共サービスの財源調達機能が，租税の最も本質的な機能であることは衆目の一致するところであるが，所得の再分配機能と景気自動調節・経済の安定化機能については，異なる意見が存在する。

　所得の再分配機能が働きすぎると，勤労意欲を奪うことにつながり，また，市場主義を基本とする経済社会では，「結果の平等」より「機会の平等」が重視される傾向から，所得の再分配機能のもつ社会的意義は小さくなりつつある。

　景気自動調節・経済の安定化機能についても，近年わが国では，バブル崩壊後の長期不況下で，景気回復のために減税や積極的な公共投資などの財政政策

がとられてきたが，減税によって内需は拡大せず，積極的な公共投資も景気回復には繋がっていないのが現状である。この要因の1つは，所得税の課税最低限の高さ（課税ベース）にある。他の先進諸国との比較だけでなく，減税が内需拡大に結びつかないという事実自体が制度的欠陥を明らかにしている。租税を検討する場合，課税ベースの広さと税率はともに主要な要素である。同じ税収を確保する場合，両者は反比例の関係にある。できる限り課税ベースを広くして，その分低い税率によって負担を求めていくことが，租税の基本原則に整合的となる。2つ目の要因としては，社会構造の変化を考えなければならない。少子・高齢化から人口減少へと進むわが国では，社会が「成長の時代」から「成熟の時代」に大きく変化している。「成熟の時代」においては，景気対策としての従来型の公共事業の拡大，その代表的な「箱物行政」はカンフル剤的には効果を期待できても，完成後の維持管理等を考慮に入れると経済政策としてはマイナス要素のほうが大きいことは様々なところで明らかになっている。このような社会構造の変化は，税制についても非常に大きな問題であることを認識すべきである。

第2節　租税民主主義と租税の基本原則

1．租税民主主義

　租税の最大かつ基本的な機能は公共サービスの財源を調達することにあることは前述のとおりである。この場合，どのような公共サービスがどの程度必要とされるかは，最終的に社会の構成員である我われ国民が選択する問題である。公共サービスの財源としてどの程度のものが必要か，それを具体的に誰がどのように分担するか，このルールが税制であり，民主主義の下では，この税制は最終的には国民の意思によって決定される。租税を納めることは自らの受益と直接関係なく金銭等を拠出するものであるので，あらかじめ定められた手

続に基づいて国民の合意の下にルールが決められなければならない。一方，国民や納税者がルールに基づいた納税をおこなわなければ必要な税収は集まらず，また，不公平が生じるので，ルールに強制力を付すことによって実効性を持たせる必要が生じる。これが国や地方公共団体の課税権である。

このようなことから，日本国憲法では，納税を国民の義務とし，また，租税法律主義を定めている。

　　・第30条　国民は，法律の定めるところにより，納税の義務を負ふ
　　・第84条　あらたに租税を課し，又は現行の租税を変更するには，法律又は法律の定める条件によることを必要とする

租税法律主義は，国民が経済社会の中でいつどの程度の租税を負担することになるのかについての予見可能性を保障し，また，法律が変更されない限り負担は変わらないという法的安定性を保障する役割を担う一方，国や地方公共団体による課税権の乱用を防止する働きを果たしている。

2．租税の基本原則

どのような原則により税制を構築することが望ましいかについては，従来から各種の租税原則が提唱されてきたが，一般的には「公平・中立・簡素」の三つをあげることができる。

① 公　　平

「公平」の原則は，税制の基本原則の中でも最も重要なものであり，様々な状況にある人々が，それぞれ経済力に応じて負担するという意味である。水平的公平と垂直的公平とがあり，さらに，近年では世代間の公平がより重要性を増している。

「水平的公平」は，等しい経済力のある人には等しい負担を求めるという考え方で，いかなる経済社会状況においても変わることのない最も基本的な要請である。「垂直的公平」とは，経済力の大きい人はより大きな負担をすべきで

あるというもので，これは，個人所得や相続などの累進課税による再分配機能をどの程度発揮させるかということを意味する。

「世代間の公平」は，異なる世代を比較した場合の負担の公平が保たれているかという観点と，それぞれの世代の受益と負担のバランスが保たれているかという観点の両方から考える必要がある。少子・高齢化から人口の減少に向かっているわが国では，勤労世代だけが税負担を行うこととなれば，その負担が過重となり経済社会の活力を阻害してしまいかねないため，高齢者であっても経済力のある人はそれに見合った負担を行っていくことが重要になる。また，現世代が公的サービスを賄うための十分な租税を負担せず，その結果，公債という財源調達手段へ依存し，その負担を将来世代に先送りする場合にも，世代間の公平を損なうことになるという問題が生じる。

② 中　　立

「中立」の原則とは，税制ができるだけ個人や企業の経済活動における選択を歪めることがないようにするという意味である。公共サービスの提供は，経済の発展に寄与するものであるが，その財源調達手段となる税制ができる限り経済活動や経済の発展に支障を来さないようにすることが大切である。また，政府の役割が見直され，市場の機能を発揮することによる資源配分が従来以上に重視されるようになってきており，個人や企業の潜在能力を最大限に引き出して経済社会の活力を促すという観点から，「中立」の原則は一層重要になっていくものと考えられる。

③ 簡　　素

「簡素」の原則とは，税制をできるだけ簡素で透明性の高いものとし，納税者が理解しやすいものとするということである。個人や企業が経済活動を行うに当って，税制は常に経営者の意思決定に影響をあたえる重要な要素の一つである。税制が簡素で分かりやすいこと，自己の税負担の計算が容易であること，さらに納税者にとっての納税コストが安価であることは，国民が自由な経

済活動をおこなう上で重要である。また，納税者側のみならず，執行面から徴税コストが安価であることも税制を検討する上で重要な要請である。

④　税制の基本原則と国際的整合性

本来税制は，その国の歴史や文化，経済や社会の仕組みを反映して独自に構築されるもので，課税権は国家主権に属するものである。しかしながら，経済活動の国際化が進展するなか，国際的な競争力や経済の活力維持などの観点から，わが国税制の仕組みや負担水準があまりにも諸外国とかけ離れたものであれば，国境を越える資本の移動等の様々な問題を生じさせる。このような観点から，わが国でも法人課税の実効税率や個人所得課税の最高税率などについて，見直しがおこなわれてきた。

3．小　結

税制は，立法機関であり国民の代表で組織される国会で法律として議決されるものである。これは，我われ国民が代表者を選出することを通じてその議論に参加することを意味している。このように，わが国の租税システムは極めて近代的で民主的なものとなっている。しかし，現実には日本人の納税意識は極めて低いといわれている。税制は「お上」がかってに決定し，税金は「取られるもの」という考え方が多くの国民を支配しているのが実情である。しかしながら，租税は，公共サービスと表裏一体であり，その財源は国民が自ら拠出するものである。「成長の時代」には，政策決定に対し有権者である国民の関心が低かったとしても，我われ国民は大きな犠牲を払うことなく様々な公共サービスを享受することができた。しかし，「成熟の時代」には，今までどおりの公共サービスや新たな公共サービスを受けるためには，より大きな犠牲を必要としていることを十分に認識する必要がある。どのような公共サービスがどの程度必要とされるか，公共サービスの財源としてどの程度のものが必要か，それを具体的に誰がどのように分担するかについて，最終的に有権者である我わ

れ国民が選択しなければならない。また，このような選択は少なからず将来世代の受益と負担を決めてしまう面もあることから，税制について選択していく際には，現在投票権を行使できない将来世代のことも併せ考えておくことが必要となる。公的サービスや税制のあり方の選択を我われ国民が自ら行うためには「税」について関心をいだき，必要最低限の「税」に関する基礎的な知識をもつようにする必要がある。

　国民全体の所得水準の上昇と平準化を背景に，「垂直的公平」のもつ社会的意義は小さくなってきた。また強い累進性は勤労意欲を後退させることにつながりかねず，近年累進性を緩和させる方向で税制の見直しが行われている。一方「水平的公平」を考える場合，所得課税においては，消費のように事実行為ではないため，所得の認定には困難さがともなう。この結果，公平性を確保することに努めれば努めるほど制度は複雑になり，制度の透明性が失われるというジレンマが生じる。理論的に優れた制度であってもその執行が困難であればかえって不公平であることから，税制の検討に当たり，円滑な執行が確保できるのかという観点も重要となる。

　「中立性」を考える場合，常に問題点として挙げられるのが租税特別措置を中心とする優遇税制である。戦後の復興期から成長期にかけて実施された各種の優遇税制は一定の評価を受けてきた。近年，市場メカニズムのもとでの資源配分がもっとも効率的であり，それが尊重されるべきであるという観点から，租税特別措置に対する批判的な考え方が主張されている。しかしながら，成長社会から成熟社会への転換期にあるわが国では，「活力」のある経済社会を作り出すためにも，新たな経済成長分野を政策的に創造することが重要課題である。既得権益化した租税特別措置の見直しは当然に行うべきであるが，国際的競争力の観点から税制を考えなければ，活力のある社会は遠のく一方である。経団連をはじめとして各種の経済団体も，税制再構築の基本理念として「公正・活力・簡素」を掲げている。

「公平」を確保することに努めれば努めるほど制度は複雑になり，「簡素」と「公平」はトレード・オフの関係に立つもので，どこでその折り合いをつけるかという考え方が一般的である。しかしながら，ドイツでは簡素で理解しやすい税制を確立し，税制の透明性を高めることが「公平性」の確保につながるという観点で2000年からの税制改革を実施している。税制の仕組みを「簡素」で国民に分かりやすいものとしていくことは，国民が望ましい税制や公共サービスのあり方，国のあり方を選択していく上でも極めて重要である。我われ国民が税制論議に参加することによってより公平な税制が確立される。

税制の国際的統合は，EU（EC）において「公正な市場の確立」のために議論が始まった問題である。VATに代表される間接税の統合の進展に比較して法人所得税などの直接税の進捗状況はあまり芳しいものとはいえない。この結果現在では，「公正な市場の確立」とは対象に位置する「国際的競争力」の確保のために税制が利用されている。すなわち国際的整合性の確保という観点ではなく，「国際的競争力」の確立をめざす国家の経済戦略として税制を位置づけるべきである。

第3節　わが国の財政の現状

1．平成19年度一般会計予算

平成19年度一般会計予算における歳入は約83兆円で，そのうち租税収入およびその他の収入は約57兆5千億円で，残りの約25兆5千億円を公債発行で補っている。租税及び印紙収入（53兆5千億円）のうち，最も税収が大きい税目は所得税（16兆5千億円）で，これに法人税（16兆4千億円），消費税（10兆6千億円）がつづく。所得税，消費税，法人税の3つの税目で，租税及び印紙収入の4分の3を超える割合を占める。

平成19年度一般会計予算における歳出は約83兆円で，そのうち国債費は約21

第1表　平成19年度一般会計予算

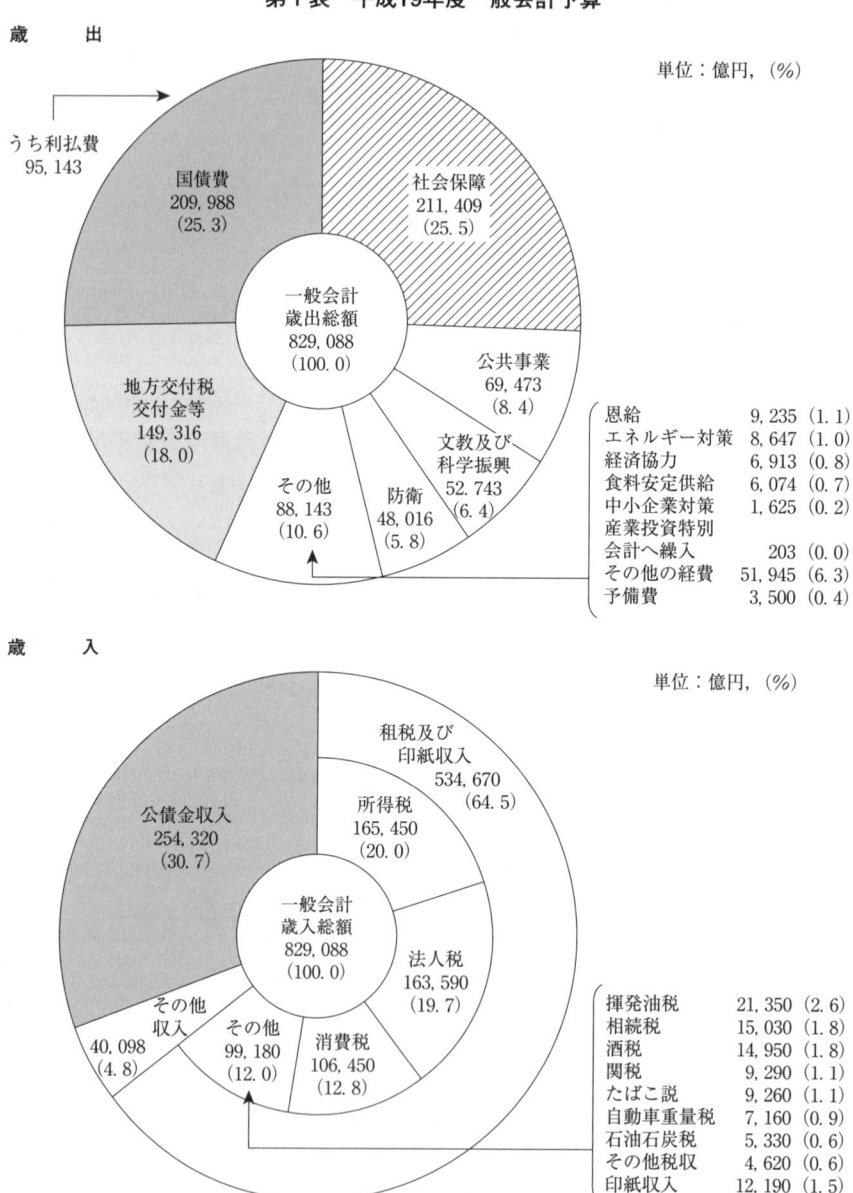

歳　出

単位：億円，（％）

- うち利払費 95,143
- 国債費 209,988 (25.3)
- 社会保障 211,409 (25.5)
- 一般会計歳出総額 829,088 (100.0)
- 公共事業 69,473 (8.4)
- 文教及び科学振興 52,743 (6.4)
- 防衛 48,016 (5.8)
- その他 88,143 (10.6)
- 地方交付税交付金等 149,316 (18.0)

項目	金額	(%)
恩給	9,235	(1.1)
エネルギー対策	8,647	(1.0)
経済協力	6,913	(0.8)
食料安定供給	6,074	(0.7)
中小企業対策	1,625	(0.2)
産業投資特別会計へ繰入	203	(0.0)
その他の経費	51,945	(6.3)
予備費	3,500	(0.4)

歳　入

単位：億円，（％）

- 公債金収入 254,320 (30.7)
- 租税及び印紙収入 534,670 (64.5)
- 所得税 165,450 (20.0)
- 一般会計歳入総額 829,088 (100.0)
- 法人税 163,590 (19.7)
- 消費税 106,450 (12.8)
- その他 99,180 (12.0)
- その他収入 40,098 (4.8)

項目	金額	(%)
揮発油税	21,350	(2.6)
相続税	15,030	(1.8)
酒税	14,950	(1.8)
関税	9,290	(1.1)
たばこ税	9,260	(1.1)
自動車重量税	7,160	(0.9)
石油石炭税	5,330	(0.6)
その他税収	4,620	(0.6)
印紙収入	12,190	(1.5)

出典：財務省ホームページ「わが国税制・財政の現状全般に関する資料」『財政に関する資料』より。

第2表 一般会計税収, 歳出総額及び公債発行額の推移

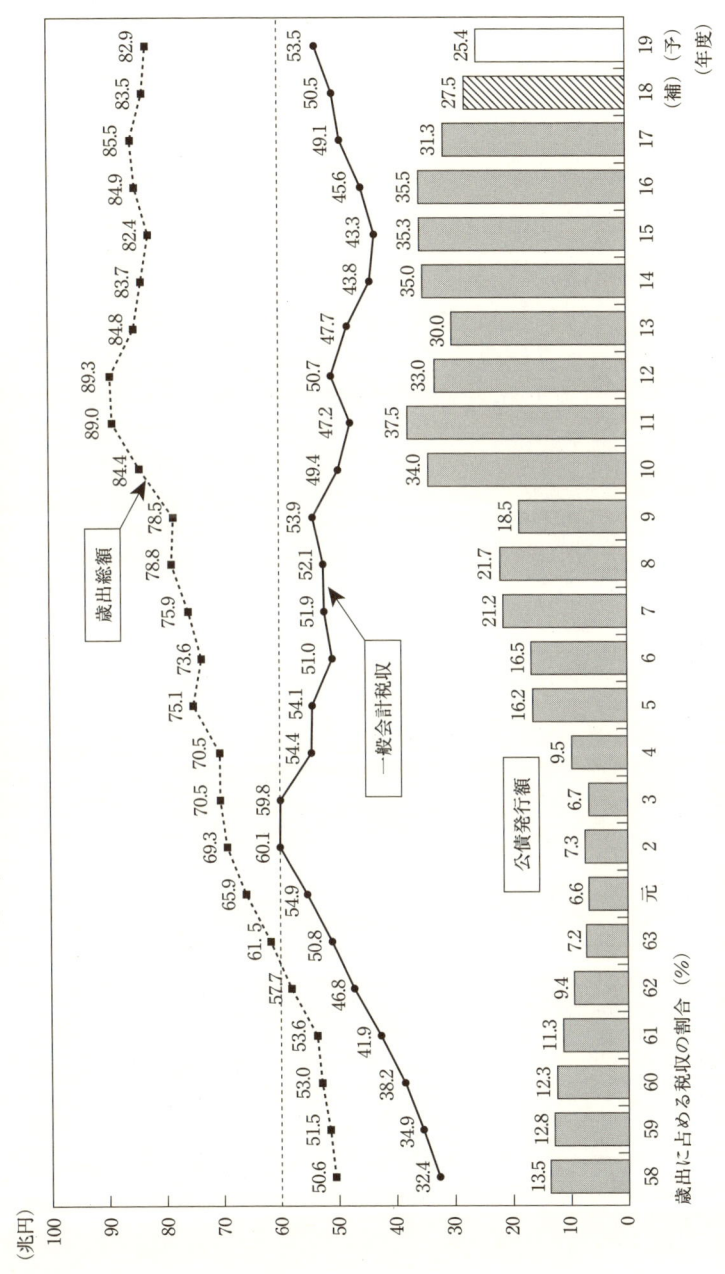

(兆円)

年度	58	59	60	61	62	63	元	2	3	4	5	6	7	8	9	10	11	12	13	14	15	16	17	18(補)	19(予)
歳出総額	50.6	51.5	53.0	53.6	57.7	61.7	65.9	69.3	70.5	70.5	75.1	73.6	75.9	78.8	84.4	89.0	89.3	84.8	83.7	83.7	82.4	84.9	85.5	83.5	82.9
一般会計税収	32.4	34.9	38.2	41.9	46.8	50.8	54.9	60.1	59.8	54.4	54.1	51.0	51.9	52.1	53.9	49.4	47.2	50.7	47.7	43.8	43.3	45.6	49.1	50.5	53.5
公債発行額	13.5	12.8	12.3	11.3	9.4	7.2	6.6	7.3	6.7	9.5	16.2	16.5	21.2	21.7	18.5	34.0	37.5	33.0	30.0	35.0	35.3	35.5	31.3	27.5	25.4

歳出に占める税収の割合 (%)

注: 17年度までは決算額, 18年度は補正後予算額, 19年度は予算額による。
出典: 財務省ホームページ「わが国税制・財政の現状全般に関する資料」「財政に関する資料」より。

兆円で全体の4分の1の割合を占めている。一般会計歳出から国債費，地方交付税交付金等を除いたものを「一般歳出」という。社会保障関係費がこの一般歳出の2分の1ちかくを占めている。

歳出総額と税収とのギャップが拡大したのは平成4年ごろからで，バブル経済崩壊後の長期にわたる不況によって，税収が落ち込んだためである。バブル経済時には，法人税をはじめ，土地や株式の譲渡所得による土地長者・株長者が高額納税者上位を占め所得税も税収は拡大し，平成2年には25年ぶりに赤字公債（特例公債）の発行がゼロとなった。しかし，バブル崩壊後の長引く経済低迷のなかで，減税策がとられたこともあり税収が落ち込み，同時に景気回復をはかるために歳出拡大が行われた。この結果，平成19年度には，歳出総額のうち公債発行によって賄われている割合を示す公債依存度も30.7％と過去最高となっている。平成19年度末には，公債の発行残高は547兆円が見込まれ，この金額は国民1人当たり428万円に達している。

2．プライマリーバランス

プライマリーバランスは，基礎的財政収支を意味し，国債の利払いと償還費を除いた歳出と国債発行収入を除いた歳入のバランスのことである。すなわ

第3表　プライマリーバランス
（基礎的財政収支）

PB赤字	PB均衡	PB黒字
公債金収入 ／ 利払費・債務償還費（PB赤字）／ 税収等 ／ 一般歳出等	公債金収入 ／ 利払費・債務償還費 ／ 税収等 ／ 一般歳出等	公債金収入 ／ 利払費・債務償還費（PB黒字）／ 税収等 ／ 一般歳出等
（国民の負担）＜（公共サービス）	（国民の負担）＝（公共サービス）	（国民の負担）＞（公共サービス）

ち，我われ国民が享受する「公共サービス」とこのために我われ国民が負担しなければならない「租税等」のバランスを表すものである。

　平成19年度予算の財政赤字は約25兆5千億円であるが，プライマリーバランスでみると，歳入から公債金収入を除いた税収等は約57兆5千億円，歳出から国債の利払費・償還費を除いた一般歳出等は約62兆になり，4兆5千億円を超える赤字となっている。このプライマリーバランスの赤字は，負担する租税以上の公共サービスを我われ国民は受けていることを意味する。少子・高齢化が進むわが国では，現世代が負担を伴わない公的サービスを享受することが恒常化すれば公債発行が雪だるま式に累増し，次世代に大きな負担を求めることになり，将来の経済社会の活力や発展に悪影響を与える。

3. 小　　結

　「成長の時代」には，景気が回復すると過去の財政赤字の累積は比較的簡単に解消できてきた。しかし「成熟の時代」には，我われ国民が今までどおりの公共サービスや新たな公共サービスを受けるためには，より大きな負担を必要としていることを十分に認識する必要がある。どのような公共サービスがどの程度必要とされるか，公共サービスの財源としてどの程度のものが必要か，それを具体的に誰がどのように分担するかについて，最終的に有権者である我われ国民が選択しなければならない。公債発行に依存する財政政策は，参加と選択の機会のない後世代の一人一人に重い負担をかけることとなる。特に急速な少子・高齢化の進展の下では，このような意味における世代間の公平を確保することが極めて重要であり，現世代は，後世代の負担に対して従来以上に配慮していくことが求められる。

　わが国の財政状態をみると，プライマリーバランスを均衡状態に回復させる目標設定が必要である。この場合には目標達成の時期だけでなく，その内容を我われ国民に開示することが課税権者の責任である。すなわち，国民の選択の

ために具体的な選択肢を含む情報の提供が必要となる。

<h2 style="text-align:center">結　　論</h2>

　税制は国民の生活，文化，慣習，経済等のあらゆる社会環境，すなわち社会のあり方と密接に関連するものである。特に今日の税制改革議論は，わが国の将来のあり方を大きく左右するものであることを認識しなければならない。国民一人一人が今後の税制改革論議に参加し，その上で，あるべき税制について選択していくことが重要である。そのためには，我われ国民が「税」についての知識をもち，理解を深める一方，課税権者である国や地方公共団体も，さまざまな情報を開示し，国民自身の意思決定を積極的にバックアップする姿勢を明確に示す必要がある。

第5章　ドイツ租税法の動向

序　　論

　ドイツ連邦議会は，2000年7月4日に行われた調整手続きの結果に基づき，7月6日にいわゆる税制改革2000（Steuerreform 2000）を採択した。引き続き7月14日には，連邦参議院が減税法案（Entwurf des Steuersenkungsgesetz）を承認した。この結果，当初の予定通りに2001年1月1日に減税法は施行されることとなった。さらに，連邦参議院は，特に中小規模の会社に対して，税制改革を補う追加法によって一層の税の軽減を提供する決議を採択した。

　本章では，税制改革2000を中心とするこれらの一連の税制改革を取り上げ，現代ドイツの租税制度の動向と2000年税制改革の意義を明らかにするものである。

　なお，本章はドイツ連邦財務省のホームページの資料[1]を中心にまとめ上げたものである。

第1節　税制改革2000に至る経緯

(1)　当時のコール政権は，1997年に景気回復を目的とした，抜本的税制改革

案を議会に提議した。与党キリスト教民主同盟が，多数派を占める連邦議会は通過したが，連邦参議院では，多数派の野党ドイツ社会民主党の拒否により，最終的に，この抜本的税制改革案は廃案となった[2]。なお，ドイツでは，税法は連邦法であるため，その改正には連邦参議院の承認が必要となっている。

(2) 1998年に政権交代により誕生した，社会民主党のシュレーダー政権は，1999年3月に税負担軽減法1999／2000／2002（Steuerentlastungsgesetz 1999／2000／2002）を成立させた。

この税負担軽減法1999／2000／2002は，前コール政権の税制改革案の骨子を引き継ぐもので，

① 企業の投資活力の高揚，および，内需拡大による経済成長と雇用の促進
② 労働者および家庭に対する大幅な減税
③ 課税の公平化
④ 租税制度の簡素化

の4つの目的を掲げており，減税の主な内容は以下のとおりである[3]。

① 留保利益に対する法人税率の軽減[4]
   1998年　45％　→　1999年　45％　→　2000年　40％
② 個人の所得税率の軽減

しかしながら，個人所得税の最高税率適用開始所得金額は逆に引き下げられたため，高額所得者はこれらの減税の恩恵をそのまま受けることはできなかった。加えて，法人税率と所得税率の軽減による歳入減少を少しでも補う目的で，同時に実施されることとなった大幅な課税ベースの拡大[5]のために，産業界からも多くの不満が寄せられる結果となった。

第5章 ドイツ租税法の動向 55

最高税率と最高税率適用所得金額（ドイツマルク）

最高税率		1998	1999	2000・2001	2002
最高税率		53.0%	53.0%	51.0%	48.5%
最高税率適用所得	単身者	120,042	120,042	114,695	107,568
	既婚者	240,084	240,084	229,390	215,136
最低税率		25.9%	23.9%	22.9%	19.9%
基礎控除	単身者	12,365	13,067	13,499	14,093
	既婚者	24,730	26,135	26,999	28,187

(3) 関連するその他の改正

① 租税整理法1999（Steuerbereinigungsgesetz 1999）

個人のキャピタルゲイン課税強化

控除対象となる寄付金の拡大

個人の事業所得に対する税率の軽減

② 家庭優遇法（Gesetz zur Familienföderung）

児童手当の増額

児童保育控除の導入

第2節　税制改革2000の概要

1．個人所得税に関係する減税

① 税負担軽減法1999／2000／2002の2002年段階が，2001年1月1日へと一年前倒しされることとなった。この結果，基礎控除は，1998年の12,300マルクから2001年には14,000マルクまで，毎年段階的に増額され，最低税率は1998年の25.9％から2001年には19.9％に，最高税率も，1998年の53％から2001年の48.5％まで段階的に引き下げられることとなった。

② 2003年1月1日からは，基礎控除は14,500マルクに増額され，最高税率は47％に，最低税率は17パーセントまで引き下げられる。

③ 2005年1月1日からは，基礎控除は15,000マルクに増額され，最高税率は42％まで，最低税率は15％まで引き下げられる。最高税率は102,000マルクを超えた課税所得だけに適用されることとなる。これは，中間所得者にとって累進課税を緩和する働きをするといわれている。なお，当初の改正原案では45％であった最高税率は，連邦参議院との調整手続きの結果，今回可決された減税法では43％に，その後また改正され，最終的には42％に引き下げられたことを付け加えておく。

所得税率の切り下げは，すべての納税者の税負担を軽減し，中小規模の非法人企業だけでなく低・中所得の家庭と労働者に対して最も大きい救済を与えることになり，政府の見解によれば，家庭と労働者に体感できる幅で可処分所得を増大するということである。

2．法人税に関係する減税

① 従来ドイツでは法人所得に関して，留保利益に対する標準税率45％と配当利益に対する配当税率30％の二本立てで課税されてきた。税負担軽減法1999／2000／2002における留保利益への税率軽減は既に述べたとおりであるが，2001年には，法人税の税率は留保利益税率，配当利益税率ともに25％に統一されることになった。

② 2002年から，資本会社間での出資持分の譲渡から生じる売却益は，原則として非課税となる。しかしながら，投機的売買を防止するため，非課税は1年以上継続した持分の保有を条件としている。

3．資本会社と株主間の課税システムの変更

① 配当課税に関しては，「インピュテーション・システム（全額合算法）」は2001年で廃止されることになり，2002年からは，いわゆる「半額課税方式」が導入される。1997年に導入されたインピュテーション・システ

ムは，法人税を株主の所得税の前払いとみなすものである。法人の配当利益は個人の株主レベルにおける当該個人の累進税率により最終的に課税関係が完了するもので，法人擬制説に立脚する課税システムである。このドイツが誇るシステムも，学問的には優れたものであるという評価がある一方，実務面では障害が大きく，これまで他国では採用されていなかった[6]。今回の改正により，資本会社の配当の半分のみが株主の所得税の課税対象になる。この結果，株主の所得税にとって会社が納付した法人税の予納済み税金を考慮する必要はなくなり，大変にシンプルなシステムとなる。政府の見解では，これによりヨーロッパ域内での国境を越える投資がより魅力的なものになるであろうという。

「インピュテーション・システム」と「半額課税方式」の課税事例。

（この事例は，明治大学の鈴木教授の論文から引用したものである[7]。）

ある法人が，株主Aに100マルクの配当金を分配するものと仮定する。

【インピュテーション・システム（旧方式）】

この法人は，100マルクの配当金について30マルク（配当税率は30%）を法人税として納付し，税引き後の70マルクを株主Aに配当する。株主Aは，手取り配当金をグロスアップして法人が計上した配当利益と同額の100マルクを自らの所得として申告する。株主Aに適用される税率を45%とすると，所得税額は45マルクとなるが，会社による予納済み税金の30マルクがタックス・クレジットとなる。この結果，かかる配当については，税引き後55マルクが株主Aの手元に残ることになる。

【半額課税方式（新方式）】

この企業は，100マルクの配当金について25マルク（税率25%）を法人税として納付し，税引き後の75マルクを株主Aに配当する。株主Aは，手取り金額75マルクの半額すなわち37.5マルクについて，株主Aに適用される税率45%で所得税16.88マルクを納付することになる。結果，この場合には，58.12マルクが

株主Aの手元に残ることになる。

インピュテーション・システムから半額課税方式への改正により，理論上は配当所得に対して40％を超える所得課税を受ける株主にとっては租税負担が軽減されるが，40％未満の所得課税の場合には逆に不利な計算になる。また，半額課税方式では，配当所得を得るための必要経費の額もまた半額しか認められないことに注意すべきである。

② 個人株主は，重要な出資でない限り，1年以上の継続した保有を条件として，資本会社への出資持分を従来と同様に非課税で売却することができる。重要な出資を構成する条件は，「20％超」から1999年に「10％以上」，2002年から「1％以上」と拡大されている。持分が1年以内に売却されるか，または重要な出資に相当する場合には，かかる譲渡は課税対象となり，この場合2002年からは半額課税方式が適用される。

これらの基本的な改革は，ドイツ産業の国際競争力を大きく改善するといわれている。またこのようなシステムの変更は，資本会社とその株主にシンプルでわかりやすい課税をもたらす。特に中小規模の会社は，内部留保による金融要因を有するので，内部留保税率が軽減された結果，投資と雇用の創出を促進することにつながるといわれている。また，出資持分の売却から生じる譲渡所得に対する組織的に一貫した非課税は，会社にとって株主構成を最適化するために必要な柔軟性を提供するであろう。

4．人的会社のための特別な改革

ドイツ政府は，過去一貫して個人の事業所得および人的会社の税負担と資本会社の税負担を同一にする方針を堅持してきた。そのため所得税の最高税率が法人税率を上回った過去数年間は，個人の事業所得に対する営業税の課税制限を設けてきた。今回の改正でも当初は，人的会社の課税に法人税を課税するオプションを導入することが検討されていたが，実務上の問題と所得税の最高税

率のさらなる引き下げからオプションの導入は実現しなかった。しかしながら，ドイツでは圧倒的多数を占める事業形態である個人事業者あるいは人的会社に対する減税を実現するため，営業税の一定金額を個人所得税から控除する方式が採用され，営業税の課税制限は廃止されることになった。

① 人的会社は，所得税率軽減の利益を実質的に得ることになる。

② 営業税の測定ベースの1.8倍を個人の所得税額から控除できるので，個人の事業所得に対する税負担は減少することになる。営業税は従来どおり事業経費として控除することができる。調停手続きの結果，これらの条項は，過剰な補償を制限するために本来の目的に関して再び調整手続きがなされ，当初の2倍から1.8倍に引き下げられた。しかしながら，小規模事業者の場合，営業税の負担が結果として完全に軽減，すなわち「0」になるといわれている[8]。

③ 事業の売却あるいは廃業にあたっての控除額は，60,000マルクから100,000マルクに引き上げられる。さらに，1999年に一旦撤廃された「半分平均税率」が，事業を廃業する企業家のための連邦議会の決議に従って，再導入されることになった。この「半分平均税率」とは，通常税率の二分の一の税率で課税されるものである。ただし，この措置は55歳に達している企業家に対して一生に一度与えられる。

5．税負担軽減のための財源確保

税制改革の財源を確保するための重点は，既存の減価償却制度を制限することに置かれている。

① 可動経済財すなわち建物を除く有形固定資産については，逓減的減価償却（定率法）と直線的減価償却（定額法）とを選択できる。従来，逓減的減価償却を選択した場合には，直線的減価償却の償却金額の3倍以内で，かつ，絶対的な減価償却率は30％を超過することはできなかった。

今回の改正では，直線的減価償却の償却金額の2倍以内に，また，絶対的な減価償却率は20％にそれぞれ引き下げられた。
② 事業用建物の減価償却（直線的減価償却）について，償却率が4％（耐用年数25年相当）から3％に引き下げられた。
③ 2001年から，公式の減価償却耐用年数表は，より現実的な耐用期間に基づき修正される[9]。

	旧	新
乗用自動車	5年	6年
貨物自動車	7	9
ファックス	5	6
コピー機	5	7
事務用什器	10	13
スキャナー	4	3
パソコン	4	3

④ 所得税法第32c条に基づく所得税の免税が廃止されることとなった。それは新たに標準化された営業税インピュテーション・システムのために適切でなくなったためである。

6．電子記録に関する改正

① 税務調査の中で電子帳簿および電子記録にアクセスする権利が，財務当局に確立された。これは現代の情報化社会と電子商取引の拡大に適合し，かつ，税務調査のコストの削減を可能にするものである。スムースな移行を確実にするために，これは2002年から導入される。
② 同じく2002年から，一定の要件に基づき，VATに関するインボイスが電子記録によることも容認されることになっている。これは，企業からの要請に対応するものである。

7．税制改革に対する連邦政府のねらい

　この一連の税制改革で，ドイツ政府はドイツの歴史の中で最も野心的な減税プログラムを実行することができたと自画自賛している。

　1998年から2005年までの期間に，税制改革2000，税負担軽減法1999／2000／2002，家庭優遇法およびその他の一連の改正により，実質総額930億DMの減税利益を納税者は受けるだろうと予測している。税制改革 2000だけでも，625億DMの減税を提供することになるという。改革の主な受益者は，家庭，労働者および中小の企業であり，減税総額のうち約330億DMが個人世帯に対するもので，約230億DMが個人企業者や人的会社に対するものになる。

　この税制改革の結果，消費者と会社には自由に費消可能な金銭が増加し，これにより成長と雇用の促進に不可欠な2つの要素である「民間消費」を刺激して，「投資」を奨励すると見込んでいる。また，労働市場にとって雇用の創出が促進されるように，減税が主に中小の企業に確実に向けられることを目論んでいる。事業課税における構造的な改革を伴う資本会社のための税率の軽減は，ドイツの税制を国際的に適合するものにし，ヨーロッパ内の国境を超える投資においてドイツを魅力的な位置付けにするという。重要なことは，個人事業者および人的会社は勿論のこと中・低所得層の家庭と労働者にとって，税制の公正を高めることにある。このためには，高額所得者によって広範に利用される傾向があった多くの例外措置の撤廃に行き着くという。この結果ドイツの租税法は，より容易に運用でき，より透明なものになるだろうといわれている。

　ドイツ政府は，この税制改革は健全な予算管理に基づいてのみ達成することが可能であるという。すなわち，新たな借入金や他の分野での増税に訴えることなく減税の財源を確保し，公債を減少させて，同時に税を軽減するという政府の財政政策の基本原則は維持していくと述べている。

結　　論

　いわゆる税制改革2000は,「2000年減税法」だけを議論するのではなく, 税負担軽減法1999／2000／2002やその他の一連の税制改革法と一体のものとして考察する必要がある。また, この一連の税制改革は, 東西ドイツ統一コストの高さ, EU内におけるドイツの政治的・外交的ポジションに比較して弱い経済力, 高い失業率などの国内事情から出発した国民の不満に対応するものであることも念頭に置くことが重要である。

　ドイツの歴史の中で最も野心的な減税プログラムであり, 100年に一度の大改正であるといわれる「この一連の税制改革」の中心は,「法人税率の引き下げ, 所得税率の引き下げと基礎控除の増額による大幅な減税」である。

　「法人税率」については, 1998年ではEUの中で最も高い税率であったが, 2001年には下から3番目に低い税率となる。

　所得税の「最高税率」については, 1998年ではEUの中で上から6番目に高い税率であったが, 2005年には下から5番目に低い税率となる。また「最高税率適用開始所得金額」でも大幅な増額がおこなわれている。「最低税率」についても, 1998年ではEUの中で上から4番目に高い税率であったが, 2005年には下から8番目に低い税率となる。「基礎控除」についても2005年には, ドイツはフランスに次ぐポジションをEU内で得ることになる。

　「減税」という観点からドイツの今回の税制改革をながめると, 国内的には前述の理由による国民の大きな不満に十分に対応するものである。対外的には, ドイツの税制を国際的に適合するものにし, ヨーロッパ内の国境を超える投資においてドイツを魅力的な位置付けにするという連邦政府の目論みは十分に達成していると考えて差し支えないであろう。

　このように「減税」は国の内外に大きなインパクトを与えるものであるが,

ドイツ政府は，これら一連の税制改革は健全な予算管理に基づいてのみ達成することが可能であるという。新たな借入金や他の分野での増税に訴えることなく減税の財源を確保し，公債を減少させて，同時に，税を軽減するという政府の財政政策の基本原則は維持していくと述べていることからも明らかなように，より注意すべき点は減税のための「財源の確保」にある。税負担軽減法1999／2000／2002による大幅な課税ベースの拡大（注記5参照）および税制改革2000での減価償却の見直し等である。

ヴュルツブルグ大学のフレーリックス教授（Prof. Dr. Wolfgang Freericks）から，所得税率が軽減されても税負担が増加する場合があることを示す一例として，次のような減価償却の事例の説明を受けた。

【取得価額100,000マルク，耐用年数10年の機械を1999年に購入した場合】

逓減的減価償却の償却率は直線的減価償却の償却金額の3倍以内で，かつ絶対的な減価償却率は30％を超過することはできないので，減価償却額は100,000マルクの30％すなわち30,000マルクとなる。

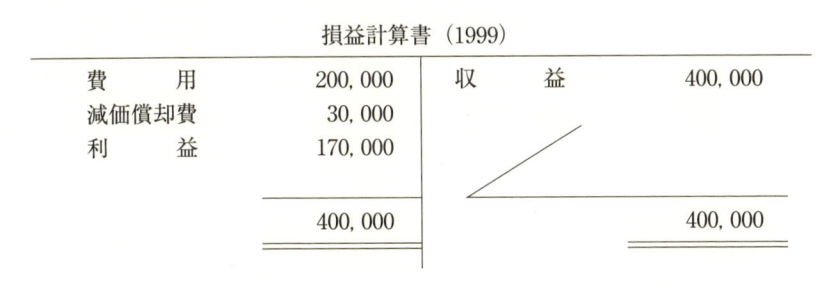

損益計算書（1999）

費　　　用	200,000	収　　　益	400,000
減価償却費	30,000		
利　　　益	170,000		
	400,000		400,000

※所得税は170,000マルクの51％で86,700マルク

【取得価額100,000DM，耐用年数10年の機械を2001年に購入した場合】

逓減的減価償却の償却率は直線的減価償却の償却金額の2倍以内で，なおかつ絶対的な減価償却率は20％を超過することはできなので，減価償却額は100,000DMの20％すなわち20,000DMとなる。

損益計算書（2001）

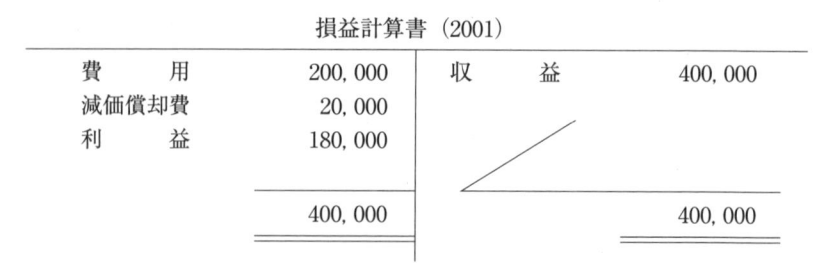

費　　用	200,000	収　　益	400,000
減価償却費	20,000		
利　　益	180,000		
	400,000		400,000

※所得税は180,000DMの48.5％で87,300DM

　多くの例外措置の撤廃による課税ベースの拡大および減価償却の見直しは，資本会社および高額所得を生じる人的会社や個人企業には，税率の軽減を上回る税負担の増加をもたらす可能性が非常に高いということである。この結果，連邦政府も強調するように一連の税制改革の主な受益対象は，家庭，労働者および中小の企業ということになる。

　ドイツのこのような税制改革は，改革の具体的な内容もさることながら，新たな借入金や他の分野での増税に訴えることなく減税の財源を確保し，公債を減少させて，同時に，税の軽減を実施するという，その基本的な姿勢に注目することが重要である。減税がもたらす将来の景気回復による自然的税収増加に頼るような安易な租税政策は，現代のような成熟した社会環境にあっては実現不可能に近いものと考えなければならない。

　同時にこの税制改革は，先進諸国における租税政策の現代的課題の一つであるタックス・ハーモナイゼーションも同時に考慮したものである。

　対国内問題と対国外問題を同時に解決しようとするこのような税制改革は，「ドイツの歴史の中で最も野心的な減税プログラムを実行することができた」と，ドイツ連邦政府が自画自賛するだけの内容と実現性の双方を兼ね備えた，真に「税制改革」というに値する租税政策であるいえよう。

1）Unter http://www.bundesfinanzministerium.de

BMF ⅣA1 Steuerrform 2000 im Überblick.
2）Price Waterhouse Coopers Deutsche Revision : Unternehmenssteuerreform 2001. Rudolf Haufe, 2000. S. 18-19ff.
3）Heller Roert : Seuerreform von A-Z : 1999/2000/2002. Rehm, 1999. S. 75.
4）従来ドイツでは，法人所得に対する課税は留保利益に対するものと配当利益に対するものの二本立てになっていた。なお，配当利益に対する法人税率は従来どおり30％のまま据え置かれた。
5）田中　泉「ドイツの1999年税制改革」『国際課税』Vol. 19. No. 6. 61頁以下によると次のとおりである。
　　・評価規定の強化
　　　　資産時価評価に対する制限
　　　　評価額回復原則の導入
　　　　買替資産に関する圧縮記帳の可能性の制限
　　　　引当金計上基準の制限
　　　　債務の割引評価
　　　　輸入品特別評価損計上の廃止
　　　　交換取得財貨の評価
　　・欠損金の控除制限
　　　　同一年度内の損金控除の制限
　　　　損金繰戻および損金繰越の制限強化
　　　　外国支店の欠損金控除の廃止
　　・課税利益算出の身直し
　　　　建物の補修費用繰延の廃止
　　　　決算書変更の制限
　　　　賄賂等の控除禁止
　　　　資本参加免除所得に対する費用控除制限
　　　　法人税に係わる利息の控除禁止
　　　　外国法人持分のキャピタルロスの控除禁止
　　・個人の所得課税関連
　　　　重要な資本参加の範囲拡大
　　　　個人のキャピタルゲイン課税の拡大
　　　　特別所得に対する課税の強化
　　　　解雇補償金に対する税務上の恩恵の削減
　　　　法律に基づいた解雇一時金に対する免税規定の制限
　　　　勤続報奨金の優遇廃止
　　　　利子，配当所得に対する控除枠の減額
6）田中　泉「ドイツの税制改革2001」『国際課税』Vol. 20. No. 10. 31頁。

7）鈴木義夫「ドイツにおける2000年税制改革の特徴」『明大商学論叢』第83巻第1号，122頁。
8）田中泉，前掲稿，34頁
9）Harald j. Schäfer/Eberhard Schlaeb : Steueränderungen 2000/2001. Luchterhand, 2001. S. 6.

第6章　EU/ECにおける税制の統合（1）
ルーディング委員会報告書とファニステンデール委員の私見を中心として

序　　論

　EU/ECにおける税制の統合問題は，特に法人税に焦点を絞ってその流れを顧みると，約30年間にわたって政治議題に取り上げられてきた歴史を持つ。

　当初の議論は主として法人への課税システム，特に「利益分配の二重課税」に絞られていた[1]。1962年のノイマルク報告書（委員長F. Neumark，ドイツ）は，分配利益が留保利益より低い税率で課税されるドイツの税率システムを共同体は採用すべきであると提唱した。続いて1970年のテンペル報告書（委員長 A. J. van den Tempel, オランダ）は，オランダのクラシカル・システムが共同体の法人税のさまざまな統合化の基礎になると勧告した。その後1975年に，EC委員会はインピュテーション・システムを直に取り入れた指令草案を公表した。このインピュテーション・システムは共同体の法人税モデルとなるべきものであり，指令草案の指向性も草案起草委員会から乖離するものではなかったにもかかわらず，以後10年間税制の統合は休止状態におかれることとなった。

　1985年の域内市場白書[2]の公表後に，再び税制の統合に関する政策的関心が復活した。域内市場の完成に関する委員会は，国境の障害のコントロールを排

除する必要性に加えて，法人税の統合が望ましいことに言及した。このことと，域内において資本費用の租税誘因の差異が投資決定と自由競争に歪みを生じさせているという認識により，税制統合の問題研究は勢いを得た[3]。この結果，1987年にEC委員会は課税ベースに関する非公式提案をなし，1990年には，法人税ガイドライン[4]が伝達され，それに引き続き法人税独立専門委員会[5]が設立された。また，この間並行してEC閣僚理事会においても税制の統合問題が議論され，1990年に法人税に関する三つの法案が合意され，初めて具体的な二つの指令と一つの条約が公表された。「親子会社間の利益分配についての二重課税を回避する指令」[6]，「異なった加盟国間の会社の合併，分割，資産の譲渡および株式の交換から生じるキャピタルゲインの課税繰延べを認める指令」[7]ならびに「国際間の二重課税問題を解決する仲裁手続を定める条約」[8]がこれである。同じく1990年には「親子会社間の利子・ロイヤリティーに対する源泉税を廃止する指令草案」と「EC加盟国をまたぐ子会社・支店間の損益の相殺に関する指令草案」も公表された。

このような紆余曲折の歴史を有するECの税制の統合であるが，今後の税制統合，特に法人税の調和化あるいは統一に向けて大きな期待を持たれたのが前述の法人税独立専門委員会（ルーディング委員会）の活動である[9]。

本章では，ルーディング委員会委員として報告書作成作業に携わったファニステンデール教授（Catholic University Leuven，ベルギー）の私見をもとに，ECにおける税制統合の現状を明らかにするとともにその問題点と展望を考察するものである。

本章の考察の対象となるのは次の文献である。

F.J.G.M. VANISTENDAEL：A PERSONAL VIEW；HARMONIZATION of COMPANY TAXATION IN THE EUROPEAN COMMUNITY, Foundation for European Fiscal Studies, Erasmus University Rotterdam, 1992.[10]

第1節　ルーディング委員会

　1985年の域内市場白書の公表後，税制統合に関する政治的関心が復活し，この問題の研究も勢いを得たことは前述のとおりである。議論の焦点も，当初の「利益分配の二重課税」から「法人税の最も妥当なシステム」へと移行し，最も妥当なシステムの構築のためには，税率，課税ベースおよび国外源泉所得もしくは国外送金の取扱いを切り離して考察できないものであることが認められてきた。この結果，法人税の調和化あるいは統合の問題は研究の機が熟し，1990年春の法人税ガイドラインの伝達に引き続き，EC委員会メンバーのスクリフェナー女史（Mrs. Scrivener）の提唱により，法人税独立専門家委員会がEC委員会によって設立された[11]。法人税独立専門家委員会は，オランダの元大蔵大臣のルーディング博士（Dr. Onno Ruding）を委員長とし，彼にちなんで直ちにルーディング委員会と名付けられた。

　ルーディング委員会は，EC委員会から三つの問題点の検討を求められた。

① 加盟国の法人税に存在する差異が，域内市場の働きに影響を与える投資と利益のロケーションに歪みを生じさせているか？

② かかる歪みの存在が証明される場合には，経済統合の力および域内市場の自由かつ公正な競争を通じてそれらの歪みを排除する可能性はあるか？

③ 市場要因があらゆる歪みを排除することを十分に証明できない場合には，要求される規制行為にはどのようなものがあるか？
　共同体の規制行為は営利法人に対する法人税の課税ベース，税率，租税システムあるいは課税範囲に絞るべきか？
　共同体の規制行為は，統一規則という指向での調和化の形式をとるべきか，それとも，サブシダイアリティの原則を考慮して各加盟国の租税制

度の単なる接近あるいは同等化の形式をとるべきか？

以上のような問題点の検討を求められたルーディング委員会の活動にとって，EC委員会によるこれらの委任事項そのものを，ファニステンデールは制約と考え，それ以外にもさまざまな制約が存在することを明らかにしている。

第一に時間的な制約である。ルーディング委員会は1年の期間内に報告書の提出を義務づけられていた。委員会は全部で12回開催され，最初の会合は1991年1月21日に，最終の会合は1992年2月27日に開かれた。この間にいくつかの専門委員会も活動したけれども，ルーディング委員会にとっては，このような短期間のうちに詳細な技術的提案をなすことは不可能であった。すなわち，ルーディング委員会は時間的な制約ゆえに租税規則の技術的細目に立ち入る立場にはなかった。この結果，ルーディング委員会は，次の三つに的を絞り取組むこととなった。

① 一般政策問題
② 租税制度の体系を決定する基本規則
③ 国境を超える活動を直接規制する特別な規則

第二に条約と政策上の制約である。ファニステンデールは次の様な制約の存在を推測している。

① 直接税の領域における共同体の権限に対する制限，特に租税に関する決定に要求される満場一致のルール
② 租税問題における国家主権との関係において，各国政府は改革の範囲を調和が可能な基本的で最低限に制限されることを熱望しているという認識。
③ 法人所得税における解決が可能でかつ必要であるという認識。なぜなら，他の租税や社会保障税に比較して法人所得税が従来から広範囲に研究されてきたからである。
④ 委員会が一つの事柄に適任であるとするとそれは法人所得税であるとい

う認識。

　第三にルーディング委員会が自分自身に課した制約である。委員会のメンバー間で意見の対立があったものの，最終的には資本に対する租税費用の一つである利子とロイヤリティーの租税負担は考慮しないこととなった。ファニステンデールはこれに反対の立場を取っていた。なぜなら，資本所得に対して課される租税の議論において配当と利子は必然的な関係を有するからである。彼は利子課税の議論を除いて配当課税の調和システムを本気で議論することはできないと断言している。また議論を完全なものにするためには，株式に関する個人のキャピタルゲイン課税を含むものでなければならないとも述べている。この問題が個人に対する個人所得税あるいはキャピタルゲイン課税に属して以来，委員会全体ではこの問題を取扱わないと合意していたが，議論は必然的に不十分なものになったとファニステンデールは顧みる。

第2節　ルーディング委員会が明かにした問題点

　EC委員会が詳細な経済的研究をルーディング委員会に要求した結果，この研究の指標として三つのD，すなわちDifference（差異），Distortion（歪み），Discrimination（差別）が明かになった。

1．租税ルールにおける差異の一覧

　最初に委員会は，主要加盟国における租税規則のあらゆる差異を明確にすることを試みた。これらの租税規則は，次にあげる事項に関連する。

① 税率（会社，支店，中小規模の企業）
② 課税ベース（会計規則，減価償却，在庫商品評価，引当金および非課税準備金，損失控除，キャピタルゲイン）
③ 租税システム，すなわち国内源泉あるいは国外源泉の配当に関する会社

および（法人あるいは個人）株主の二重課税を緩和する規則，クレジットあるいはインピュテーション・システム，免税システムあるいはクラシカル・システム

④　配当，利子およびロイヤリティーの源泉税
⑤　課税目的に関する国内的および国際的統一の存在
⑥　特別な租税誘因のさまざまなカテゴリー
⑦　さまざまな形態の営利企業への課税の中での法人所得税の範囲

　この作業は，共同体のすべての加盟国における法人所得税と源泉税の完璧な概要を提供するためにおこなわれた。このような要約的な一覧は，もちろん，改正があることを条件としている。最新の改正は紹介されており，共同体の法人所得税は全体が大変流動的であるという事実が明らかにされている。

　この一覧は，加盟国の租税規則に本質的な差異が存在することを表しており，ファニステンデールは次の様な差異を指摘している。最も人目を引くものは，アイルランドの10％とドイツの50％の税率の差異である[12]。しかし，本質的な差異は，株式の評価，貸倒引当金の控除，外国為替差損および職業年金，キャピタルゲインに対する租税免除等であり，もちろん，課税利益に関する会計規則および二重課税を緩和する規則でもある。

　最も基本的な差異は，国内の租税政策における根本的差異を示しており，彼は租税の様式あるいはその伝統にあると考える。例えば，オランダとイギリスにおける税法会計と商法会計の間の差異は非常に重要なものである。これらの国は，課税利益額の決定において本質的に非公式の柔軟性を考慮にいれている。課税ベースは厳格な会計規則が規定するものに比べてより自由であると思われる。正反対のものは，基準性の原則を有するドイツより，むしろイタリア，フランス，ベルギーのような課税利益の計算における租税規則上の制限を軟化させる商法会計規則をもつ国々である。

　二番目の基本的な差異は配当に対する租税負担である。正反対のものとし

て，二重課税からの完全で効果的な除去を行うドイツと全てを除去しないオランダがある。加えて，ドイツは法人所得税の税率と個人所得税の最高税率が一致する伝統を有する共同体の中の唯一の国である。この状態は多くの租税学者によって作り上げられてきたものであり，それは最近の25年にわたってドイツに非常に貢献してきた。ドイツ人が彼等の租税政策のこの大いに成功した特性を軽々しく捨てないことは全く無理のないことであると，ファニステンデールはみる。

三番目の基本的な差異は租税誘因である。1989年の税法改正で租税誘因に関する最も詳細な規定の一つを廃止して以来，オランダは共同体の中のあらゆる場所で租税誘因と激しく戦う白く輝く騎士であると，ファニステンデールは比喩する。他の国々は，もちろんのことオーソドックスであり，そして，経済政策の一つの手段としての租税誘引を軽くみていない。最高の例がアイルランドであり，他の国々，例えばギリシャ，ポルトガル，ベルギー，イタリア，そしてフランスとドイツさえも正反対の立場である。

四番目の基本的な差異は源泉税である。国内と国際的な情勢を見るかどうかということにかかっており，眺めはほんの少しの差であるが，オランダはデンマーク，イギリス，ルクセンブルグとともに源泉税を排除している。一方スペイン，ポルトガル，イタリアより少ない程度でベルギーは，この租税テクニックに大変重く頼っている。

2．租税の差異に起因する経済的歪み

加盟国間の租税規則のあらゆる差異にとって基本的な問題は，これらの差異がなにがしかのインパクトたとえば租税規則の差異が企業の意思決定に現実に影響を及ぼすようなことがあるかどうかである。この問題は，まさに二つの側面，客観的なものと主観的なものを有している。客観的には，租税規則の差異が投資計画の収益性に関係をもつ租税負担の差異に起因するものであるかどう

かという側面であり，主観的には，投資の意思決定を行う企業家が租税の差異を重要な要素として認識しているかどうかという側面である。

(1) 客観的な租税の差異

まず国内の投資に関する研究から眺めてみると，資本費用は，

① 租税規則の差異

② 利子率の差異

③ インフレ率の差異

のために相当に変化することが統計上明らかである。利子率およびインフレ率は租税規則の差異以上に大きな影響を有するが，利子率およびインフレ率の差異を除外する場合には，租税規則の差異は依然として現実の影響を有するものである。

次に国境を越える投資について行われた研究からは，全ての加盟国が非居住会社によってなされる投資に対して高い租税負担を課していることが明らかである。最も大きな差別は相互の租税協定を有していない加盟国間（主にドイツ，アイルランド，ポルトガル）にある。この研究は，加盟国間の条約ネットワークの中に欠陥を無くしていくようにすることを最優先事項の一つとして提案している。

また国境を越える投資機会が加盟国間で大変大きいことも統計上明確である。

これらのことから，

① 他の加盟国にある国内会社に対する租税負担の差異の存在

② 海外投資に対する全体な差別の存在

③ 外国投資家の投資に対する個々の加盟国により大きく異なる租税負担の存在

という結果が明かになる。他の要素（インフラストラクチャア，労働力の熟練度，労務コスト等）がまた重要な役割を果たすので，たとえこれらの租税の差

異がしばしば経済活動の場所にとって決定的なものでないとしても，他の要素が同等である場合には，租税要因が決定的なものであることは明白である。一方金融サービスのようにたやすく再配置可能な経済活動においては，課税の差異はしばしば大変決定的なものとなる。

(2) 主観的な租税差異

事業の意思決定に対する租税要因の影響に関する研究から，次のことが確信される。企業組織（生産計画，販売経路，コーディネーションセンター，研究開発センターあるいは金融サービスセンター）のあらゆる要素に関して，租税の考慮は，販路の57.9％から金融サービスセンターの85.1％のケースで，常にあるいはたいていの場合問題とされる。金融サービスセンターにとって，租税の考慮は52.6％のケースで常に主要な要素であった。これは，金融サービスセンターの活動が租税負担に影響されやすいという経験を裏づけている。

したがって，租税の考慮は事業における意思決定をおこなうための主要な要素であり，その結果，租税は域内市場における自由競争から生じる生産の配分と比較して異なる配分を結果として生じさせる。

3. 改善手段，市場要因か規制か

租税規則が実際に事業の意思決定に大きな影響力を持つこと，ならびに，これらが実際に競争を歪めることについて十分な証拠を得たゆえに，次の問題はこれらの歪みを除去する行為が必要かどうかである。実際上の問題は，課税競争が最後には課税ベースをむしばむことに至るかどうかである。ファニステンデールは，これを「自由市場主義者（free marketeers）」と「官僚的規制主義者（bureaucratic regulators）」という正反対の立場を伴う政策上の問題であるという。

マクロ的経済研究の結果は，税込収益率が収斂することを示している。税込収益率の収斂はその時期が過ぎたこと，ならびに，自然な経済発展の結果とし

て租税の差異が共同体において重要性を失ってきたことを示している。インフレ率と利子率の下落が，租税負担の収斂の一般的な動向において最も重要な力であったことは明らかである。実際に，1980年代の二桁の利子率とインフレ率は，成果の上がらない税込収益率を見通しの明るい税引後収益率へ変化させてきた。1980年～1990年の10年間は，システム外で曲げられた歪みはインフレ率と高い利子率によるものであり，租税の差異によるものではない。インフレ率と利子率を下げることによってそれ以上の収斂に向う可能性はむしろ小さいので，それ以上の収斂は租税システムの適合に期待される。

モデルシミュレーションの研究結果からみると，経済的な歪みに対して最も大きな原因となる要素は，国境を越える親子会社間の配当に対する源泉課税である。加盟国間の租税負担の相違にとって，税率と課税ベースの差異は重要な要素である。二重課税を緩和するための租税システムの差異と利子所得に対する源泉税の差異は，たいして重要ではない。しかしながら，これらのモデルの多くは簡易化されているために，結論は最大限の注意と慎重さで扱わなければならない。

最後に，どのような手段が採用さるべきかについて実業界の意見が存在する。収斂がなにがしかの共同体の規制行為によってもたらされるのか，あるいは，市場要因によってもたらされるのかという質問に対して，その回答は圧倒的である。すなわち，74%が共同体の規制であるとし，これに対して26%が市場要因であるとしている。これは，自由市場に信頼を置く人々にとっては異常な回答である。この回答では，ハーモナイゼーション，アプロキシメーションあるいはコーディネーションという言葉についての法的かかわりあいが何であるかは明確ではないが，方向性は明確である。すなわち，それは共同体が先頭に立つ法的手段である。

企業家はまた規制が要求される範囲を示した。すなわち，EC内にある会社間のあらゆる種類の所得の移転に対する源泉課税の廃止，同一グループの会社

内部で他の国における利益に対するある国の損失の補償，免税の方法による会社間の配当に対する二重課税の排除，課税利益の共通する計算方法の確立，国内と国外の双方の株主に対する個人所得税の共通するインピュテーション・システムの採用，そして最後に，法人税率の共通帯（最高税率と最低税率）である。

これら回答からファニステンデールは次の二つの重要な懸念を明らかにしている。

① 等しくない租税負担が異なる加盟国の会社間の競争を歪めるかもしれない。したがって，共通の課税ベースと税率差縮小の追求。

② 国境を越える取引に関する差別が生じるかもしれない。したがって，資本所得の国境を越える移転に対する源泉課税の除去，親子会社間の配当に対する二重課税の排除，および，同一グループに属するが，異なる加盟国に設置された会社間で損失を移転する規定の要求。

第3節　ルーディング委員会報告書による政策勧告

1. 政策勧告における制約

ECの委任に付随する制約に加えて，次の考慮すべき事柄がまた委員会に影響を与えその活動を制限したとファニステンデールは考える。

① 国家政府は，できる限り柔軟に，直接税を通じた国家歳入の徴収の維持を欲しているという事実。

② 法人所得税と個人所得税の結合，後者は明らかに委員会の委任外ではあるが。

③ 最低の可能なレベルで解決されるべきであるという副次的主題。すなわち，共同体より加盟国を優先するという原則。

④ 課税に関する共同体のあらゆる決定が満場一致の決議でなされなければ

ならないというルール。

また，相当な相違点が連邦化の構成要素の租税規則間に依然として存在するのに対して，アメリカ，スイス，カナダという他の連邦国家の経験に対比してある種の検討がなされた。しかしながら，ファニステンデールはこのような一定の地域のと比較は適切でないと断言する。なぜなら，これらの国々においては，租税規則の中に多少の許容幅を認める連邦レベルの拘束力ある機構が存在するからであり，共同体にはこのような機構が存在しないからである。

したがって，委員会の目標は次の三つからなる。

① 国境を越える事業投資および株式保有を妨げる国家間の租税協定の差別的な特徴を除去すること。
② 課税ベースの主要部分を調和させ，特に，課税ベースを不明瞭にするあらゆる租税誘因を除去することにより租税システムに最高の平明性を取り入れること。
③ 法人税率を最低のレベルに設定し，とりわけ金融投資の領域で加盟国間の過度の課税競争を制限するために課税ベースに関して最小のルールを設定すること。

2. 時　　期

委員会は，この提案を考察する中で次の三つの段階を識別した。

第一段階は，緊急に検討される提議をすべて含む。すなわち，EC委員会によってこれらの提案の履行がスタートすると同時に，その通常の立法方法をとるべきものである。ルーディング委員会は，(閣僚評議会において特に満場一致の決議を獲得することを) 必要とする立法上および政策上の作業は約2年を必要とすると見積った。したがって，第一段階の終了時期は1994年末に設定された。第一段階は，域内市場における多国的事業に対して最も浸透している差別と最大の障害に強く対抗する提案を包含しており，それらは同時に，政策上の

議論が少なくてすむことが予想される提案でもある。

　他の二つの段階は，租税制度のより本質的な要素に関係し，経済通貨統合（EMU：Economic and Monetary Union）の展開に理論的にリンクするものである。第二段階はEMUの第二段階と同時に進行し，一方，第三段階は完全にEMUが成し遂げられるべき時に，達成されるべきものである。第二段階は，課税基準の調和化，特に，キャピタルゲインに対する課税規則と最高税率の調和化を内容とする。第三段階は，共通の会計規則を基盤とした課税ベースを決定する規則を調和させるための提案，ならびに，会社と個々の株主間の二重課税を緩和する共通システムを立案するための提案を含んでいる。

3. 手　　段

　提案の大部分は，EC委員会が指令草案を準備することを要請する形式をとる。これは予想できるものであった。なぜなら，指令は，加盟国の法制度の調和化あるいは接近の最も成功した手段であり続けてきたからである。他のある種の方法もまた次の様に提示されている。

① ギャップを埋めるために共同体の中で条約ネットワークを創設し，加盟国間で協議する。
② 第三国との条約政策の調整をEC委員会がおこなう。
③ 仲裁条約の批准を個々の加盟国がおこなう。
④ EC委員会および評議会によって履行されるべき提案を独立専門委員会が詳細に練り上げる。

　最後の方法は新しいものである。ルーディング委員会が制限された時間の枠組の中で解決され得ない技術的な細目の障害にぶつかってきたという自覚がしだいに大きくなり，委員会の議論の中で導き出された。ある種の細目は，国家の租税行政機関の手によるもの以上の技術的なフィードバックを要求される。したがって，このアイデアは，国家の租税行政機関ではなく独立した専門家で

構成される技術委員会の形をとった。なぜなら，国家の租税行政機関はその独自の分野を守るために自分自身を制限しがちだからである。ルーディング委員会は，独立専門家が当然にその国家租税システムのための提案によって生じた問題に気づいていることを認識していた。一方，十分な時間と論拠を与えられたこれらの専門家は，共同体の進行にとって欠くことのできない妥協に至る合理的な努力をなすことにまったくもって異議がないであろう。したがって，国家の租税行政機関の代表よりもむしろ独立専門家が優先する。またEC委員会も排除された。なぜなら，EC委員会の官吏は（個々の）国家の租税権益を擁護すると考えられたからである。

4．内　　容
(1) 妥協の方法と手段

たいていの共同体文書と同様に報告書は妥協案である。ファニステンデールは勧告の内容をそう多く論ぜず，むしろどのように妥協案が生じたかを論じている。これをより理解するために，彼は，勧告を次の四つの見出しに基づいてリストアップしている。

① 税　　率
② 課税ベース
③ 国境を越える資金運用
④ 租税システム，すなわち会社と株主間の二重課税の緩和のためのルール

最後に，要旨に関する議論を具体化する上で不可欠の要素ではもちろんなかったけれども，種々の提案を含む雑多な見出しが存在する。それは，ギブアンドテイクおよび批判的な論法と相互の配慮に基づき引き伸ばされた議論により生じた妥協案である。

報告書は，経済的証拠と統計的証拠の提出を伴いスタートしたので，委員会のメンバーは，第一に互いに基本的問題に関する各自のポジションを調べるた

めに，第二にどのような勧告をなすかについて専念するために，十分な時間を持っていた。経済的統計的証拠に関する議論を通じて，メンバーは間接的な方法でどこに基本的問題が存在するのかを明らかにしていった。これは，最終の議論に役立った。

(2) レドラー提案

議論のごく早い段階で，レドラー教授は，報告書の中で「レドラー提案」と称されるものを作成した。それは，会社と（居住および非居住の）個々の株主の二重課税の問題，ならびに，かなり高度な共同体全体の源泉税の方法による配当と利子所得に対する実効課税の問題を内容とするものであった。この提案で，レドラーは法人所得税の重要な部分についての行き詰まりを打破することを試みた。つまり，個人所得税との関係についてである。彼は，調和化に向かっての大胆な動きを行うことが委員会の役割であると考えていた。共同体にとっては，規制行為をなす機会が到来しているという。

(3) 税　　率

不思議なことに，ほとんど暗黙のうちに税率に関する最初の合意に到達したとファニステンデールは述べている。なぜなら，アイルランドとギリシャを除いてどの政府も動きを持たなかったからである。大部分の事業家メンバーは，最低税率が彼等の現在の租税状態にとって不利益でないことを感じており，また，大多数の者が加盟国が租税競争に落ち込む前に税率の構成においては共同体全体において早期の規制行為が必要であるということを感じていたからである。最後に，最低税率はレドラー提案の構成要素の一つでもあった。したがって，最低税率は，かなり長い間25％前後で議論されたが，最後に30％に固定することが提案された。

大部分の事業家メンバーは，もちろん最高税率の制定を強く主張した。しかしながら，他のすべてのメンバーは課税競争が問題を取り除くと考えた。これは妥協の典型的な要素である。最後には40％に最高税率を制定することが受け

入れられた。なぜなら，ドイツを例外として，特に課税ベースの調和化の合意が成されたときには，他の加盟国は高税率を維持する状態ではなかったからである。ただし，課税基準の調和化あるいは接近に関する合意がなかった場合には，税率帯を設定することが意味を持たないという満場一致の合意が存在する。

(4) 課税ベースおよび国境を越える資金運用

課税ベースの作業は，大変入り組んでいるため4人の委員会メンバーからなる作業集団に委嘱された。彼等は，「Gang of Four」と呼ばれ，問題の広い範囲で素早く合意に到達した。すなわち，商法会計と税法会計，のれんその他の無形財産とリースを含む減価償却，株式評価，損失の繰越，本社の必要経費を含む営業費の控除，準備金と引当金の非課税（貸倒引当金と職業年金引当金を含む），キャピタルゲインである。

一方で委員会は，閣僚評議会により合意に至った（親子会社指令と合併指令の）国境を越える資金運用に関する勧告を次に開始した。その結果，委員会は，EC会社間のロイヤリティーと利子の国境を越える支払だけでなく国境を越える配当に関するあらゆる源泉課税を除去する合意をなした。それは，加盟国間の租税条約ネットワークの拡大に関する合意とトランスファープライシングの論争に関する仲裁条約の早期の批准に行き着いた。

(5) 最後の危機

12月末までに，委員会は全般的にみて経済的・統計的検討結果から得られるべき結論に関して合意した。そして，税率と国境を越える資金運用の租税中立性を拡大する別の基準に関して暗黙の合意が存在した。

しかしながら，意見の相違が，「Gang of Four」によって提出されてきた課税ベースに関する提案と配当の二重課税に関するルールの完全な調和のためのレドラー提案に関して表れた。提案の内容だけでなく，報告書全体において両テーマの重要性が論議された。あるメンバーは，経済的・統計的検討結果に満

足し，そして，国境を越える資金運用の差別に関する勧告の制限された組合わせを受け入れた。しかし，メンバーのほとんど全員は，制限された報告書にサインせず，課税ベースに関する勧告の実質的組合わせを要求した。さらに，課税ベースに関する勧告をどこまで詳細に述べるべきかという問題が生じた。特に職業年金に関する「Gang of Four」の提案は，非課税の保険料と引当金の詳細な制限を準備していた。最終的には，課税ベースのあらゆる事項は報告書のなかに維持されたが，詳細は副次主題として持越され，そして，技術委員会に委ねられた。

一方では，租税システムの調和化に関する議論が行き詰まった。どのようなシステムが進んで受入れられるか，また，そのような統一的システムが本当に必要かどうか，ということについて意見の不一致があった。多くのメンバーは，今から10年努力しても統一租税システムを定めることは非常に困難であると感じていた。最終的に，この点に関しては，EMUの最終段階までに，すべての加盟国が会社と株主の課税の二重負担を考慮にいれた配当の分配への課税に関して同一のシステムを持つであろうということ以外には，明確な合意は得られなかった。

第4節　ファニステンデール委員の個人的結論

報告書作業にたずさわったルーディング委員会のメンバーとして，ファニステンデールは，私見という形でルーディング委員会の公式見解とは別に，ECにおける税制の統合問題を次の六項目に大別し提言している。

(1)　共同体の規制行為の必要性

ルーディング委員会報告書を読んだ者の多くは，報告書の最終章の政策的勧告に注意を払うであろう。しかしながら，経済的・統計学的検討に関する第9章は多くの政策的に重要な結論の一つを含んでいる。経済学における科学的証

明からみると，域内市場は相当な租税の歪みに至ることが予測され，共同体の規制行為はこれらの租税の歪みを除去あるいは緩和する中で絶対に必要である。

この報告書の公表の後には，熱心な市場主義者であっても，ブリュッセルの官僚による何らかの規制が単に必然的なだけではなく，規制が域内市場の自由かつ公正な競争の確立において十分必要でありかつ大変有用であることを認めるであろうとファニステンデール観測する。

(2) 共同体の規制行為は画一性を意味するものではない

第二の結論は，共同体の規制行為がECのすべての加盟国において統一的租税制度を結果として生じさせるものではないということである。十分に発展した連邦の統合における自由かつ公正な競争を保証することに限られている以上，法人所得税の役割はかかる競争にとって最小の必要条件を設定することに制限されねばならない。これは課税ベースに関する最小限の規則を意味し，最低税率と国境を越える資金運用に対するあらゆる妨害の撤廃である。多くも少なくもないものが要求される。

これを，ファニステンデールは，共同体全体のフロアーが法人税において確立され，加盟国間の全てのドアーが解放される必要があると表現する。加盟国は共同体の租税フロアーでの最低のレベルに比較してより高い課税レベルの確立をさらに許されているからである。EMUの最終段階では，統一租税システムに関する有力なケースが存在するが，一方で加盟国は異なる税率を維持することができると彼はいう。

(3) 満場一致の決議ルールの妨害

報告書は租税事例に関する満場一致の決議ルールの撤廃についての勧告を含んでいない。ファニステンデールは，これは弁解できない手抜かりであると指摘する。もちろん，報告書の中でこれに言及しないことへの議論は，共同体の委任の範囲を越えるものである。しかしながらこの報告書の後には，加盟国が

課税権のある部分（全てではなく，むしろ小さな部分）を放棄しなければならないことは非常にはっきりしている。

　逆説的にいうと，加盟国が共同体に移転する租税事項に関する満場一致のルールを破棄する場合には，加盟国は実際上それらの事項を超えるより大きな力を保有するということである。大変簡単な例は最低税率である。30％の最低税率が受入れられると仮定しよう。加盟国はより低い税率を設定する権限を（付加価値税の提案のように）放棄することになるのは明白である。税率が（条件付の）多数決で決定されうる場合には，加盟国の影響力は満場一致の決議のルールに基づくものに比べて重要性を存続することが明らかである。したがって，ファニステンデールは，指令により規制される租税事項に関して，共同体が（条件付あるいはシンプルな）多数決のために満場一致の決議の条件を放棄することを提案する。

(4)　租税システムに関する意見の相違

　ルーディング委員会が特別な租税システムに関する勧告について合意しなかったという事実について，ファニステンデールはこれを失敗とは考えていない。システムの形式の特殊性を抜きにしたEMUの完成による統一租税システムの勧告は，情勢だけを考慮したものである。会社と株主間の二重課税を緩和する規則は，個人所得税とともに加盟国における社会的・政策的選好に密接に関係し，それは現在共同体の規制行為の圏外にある。これらの選好およびその選好を表わす租税規則も，これらの規則の経済的・社会的効果に関する政策責任が政府に依存し，民主的に選ばれた欧州機関に依存しない間は，共同体の圏外にとどまるであろう。マグナカルタに初めて銘記され，そしてそれ以来あらゆる民主国家において勇敢な戦いを経て確立された「説明なき課税なし」のルールが，民主的加盟国がECを形成するプロセスの中で破壊される場合には，それは歴史において重大なアイロニーになるであろうとファニステンデールは指摘する。

(5) 残っている基本的な差異

　報告書は課税ベースに関する実質的な勧告を含むものではあるが，重大で基本的な差異が残存している。

　加盟国の租税政策における本質的差異を要約する試みの中で，ファニステンデールは，主としてオランダとイギリスは，共同体の内外にある他の多くの国々で事業をおこなう多国籍企業に有利な法人所得税組織を形作ることを試みてきたと指摘する。かかる「多国籍企業」の租税組織の特徴はオランダにおいて最もはっきりと表れている。すなわちそれは，オランダ会社の国内基盤がイギリス会社のそれよりずっと小さいというものである。他の全ての加盟国においては，法人所得税の組織は，国内に基礎を築いた企業に有利な「国家的租税政策（national tax policy）」を反映している。後者のグループのルクセンブルクは，主要金融センターを目指してその租税組織を慎重に作っているところである。

　租税組織の差異を再検討することにより，ファニステンデールはそこから二つの基本的な結論を導き出している。短・中期的なものと長期的なものである。

　最初の結論は，多くの加盟国では租税規則が，国内会社に恩恵を与えることに照準を定める「国家的租税政策」を反映することである。これらの国家的租税政策が，域内市場ではほとんど許容されえない「租税対立」に至ることは明白である。問題は，これらの「国家的租税政策」が投資決定に何らかの影響を与えるかどうかということにある。それは報告書の中で経済的検討をもって注意を集中した問題であり，そして，短・中期的に解決されるべきものである。しかしこれらの問題は解決することはできても，全ての加盟国が何らかの効果を有する譲歩のある形式を作らねばならない。これを国家的租税政策の「国際化」とファニステンデールは表現する。国家主権を手荒く扱うことかもしれないが，最終的には加盟国に決定的な利益をもたらすであろうと彼は考える。

第6章　EU/ECにおける税制の統合（1）　87

これには本来，国家的租税政策と多国的租税政策の間の対立を伴うべきではない。ルーディング委員会における議論は，これらが非常に難問題であることを明らかにしてきた。利子とロイヤリティーの課税，二重課税の緩和，税法会計と商法会計の間の二元性のような基本的障害は明るみに出てこなかった。なぜなら，これらは一方の多国的租税政策と他方の国家的，むしろ国家連合体の租税政策の間に分裂が存在する領域だからである。これらの基本的政策の差異を取除くことは確かに少し時間を要するであろうし，また，漸進的でかつ段階的なアプローチが成功のチャンスを有するであろうとファニステンデールはいう。

(6)　資本所得の実効課税

共同体が直面する主要なチャレンジの一つは，資本所得の実効課税である。技術的革新と資本規制の廃止のために，資本所得は非常に変化しやすく，そして課税しにくくなってきた。もちろん，法人所得税は巨大な源泉税の影響を包含している。しかし，それは問題の本質ではない。問題は，法人所得税（利子およびロイヤリティー）に属さない資本所得のカテゴリーであり，そして個人所得税に基づくあらゆる資本所得の課税である。

ある加盟国は，資本所得が共同体全体の基準に基づき効率的に課税されるであろうと予測して，資本所得に関する実効税負担の縮小を受け入れてきた。報告書は，その結果に対して，配当に対する30％の強制的な源泉税の提案と，利子とロイヤリティーに対する源泉税の廃止は租税回避に対抗する手段を伴うべきであるという勧告の二つを行っている。これは，次のような問題を含んでいる。

この問題の解決は緊急を要するものである。資本所得の他のカテゴリー，とりわけ利子所得が個人所得税の下で効率的に課税されない場合には，個人所得税における配当の二重課税の緩和を促進するコンセササスは存在しないであろう。利子とロイヤリティーに対する統一源泉税で共同体を囲い込むことは，素

朴な小投資家に対しては効果的であるが，世界規模の投資家への課税は，スイスは言うまでもなくアメリカや日本のような主要工業国間のある種の協調を必要とするであろう。共同体は今かかる協調を主唱する機会を有している。報告書がそのような種類の協調にわずかの注意も払っていないという事実は，将来を十分に予測していないという大きな手抜かりであるとファニステンデールは指摘する。

結　　論

　現代ECがかかえる税制の統合問題の焦点は，自由かつ公正な競争の確立に絞られており，特に国境を越える投資に対する差別と歪んだ租税障壁の排除が大きな問題点であることは，ルーディング委員会の調査から明らかである。

　この問題点に対する対応，すなわち問題解決のための方法論には様々な見解がみられるが，議論の中心として位置付けられるものはルーディング委員会の勧告である。

　ルーディング委員会は，1992年3月にその結論と勧告を概要という形で公表した。委員会は概要の中で，共同体は国境を越える投資と株式の保有に対する差別的でかつ歪んだ租税障壁の排除に取組むべきであると結論づけ，次のことを提言した。

① 法人税率を最低のレベルに設定すること
② 最低限の課税ベースを共通のルールとして合意すること
③ 加盟国間における過度の課税競争を制限すること
④ 投資を促進するために，加盟国によって認められる租税誘因に最高の透明度を与えること

　このルーディング委員会の勧告に対する最初の反応は，ルーディング委員会の設置を提唱したスクリュナー女史によってもたらされた。女史は，税制の統

合問題に慎重な立場をとり,「財政政策を統合よりもむしろ財政政策を調停し,調和することである」という文章を引用して[13],EC委員会はルーディング委員会が提唱するほどには意欲的でないレベルを求めていることを伝えた。

　ルーディング委員会勧告を中心にしてながめると,このような消極的な見解がある一方,より積極な立場も存在している。それが,本章で取上げたファニステンデールを始めとする見解である[14]。彼は,市場誘因では租税の差別を排除できず,共同体の規則が必要であると確信している。さらに租税問題に関しては,共同体の「満場一致のルール」が大きな弊害をもたらしていると説く。ルーディング委員会の勧告で残された問題は,資本所得の有効課税であり,特に配当と利子についての議論を第一におこなわなければならないと主張している。そのためには加盟国の各々の「国家的政策」を国際化させ「共同体指向の政策」に変質させることが基本であると考えている。

　このようにハーモナイゼーション問題に関して消極派,中間派,積極派という大きく三つの考え方が存在するが,どのレベルまで到達するべきであるかということはここでは検討しない。なぜなら,ルーディング委員会報告書が公表されたときには,ECの税制の統合は否定的な展望が多くみられた。これはもちろん税制の統合自体を否定するものではなく,実施時期とその見通しについてである[15]。ECがかかえる諸問題,たとえばマーストリヒト条約の批准,EMUに関する混乱等を考えると当然の反応であると思われる。しかしながら,ルーディング委員会報告書の公表が税制の統合問題に関する議論に火を付けたことが重要である。具体的にどのようなレベルまで税制の統合が進むべきかは,今後のECの議論を待たなければならないであろう。

　このルーディング委員会報告書が,ECにおける税制の統合問題に具体的な方向性を与えたこと,そして今後の議論の中心になることは間違いないことであると思われる。

1) L. G. M. STEVENS, INTORODUCTION & SUMMARY, HARMONIZATION OF COMPANY TAXATION IN THE EUROPEAN COMMUNITY, p. 5.
2) Commission's White Paper on Completing the Internal Market, 1985.)
3) STEVENS, ibid., p. 6.
4) Commission,s Guidelines on Company Taxation, 1990.
5) Committee of Experts on Company Taxation.
6) No. 90／435, L／225, Aug. 20. 1990.
7) No. 90／434, L／225, Aug. 20. 1990.
8) No. 90／436, L／225, Aug. 20. 1990.
9) See Commission of the European Communities (1992).
10) 本書は，ルーディング委員会報告書の結論と勧告に関して，ヨーロッパ財政研究所（Erasmus University Rotterdam）が1992年3月22日に開催したセミナーで発表された論文を収録している。
11) STEVES, ibid., p. 7.
12) 税率は当時のものである。
13) 1992年6月19日付，Wall Street Journal.
14) ファニステンデール博士より，より具体的な提案をおこなうものとして，S. CNOSSEN AND A. L. BOVENBERG, A BETTER ALTERNATIVE, HARMONIZATION OF COMPANY TAXATION IN THE EUROPEAN COMMUNITY. 等をあげることができる。
15) ルーディング委員会報告書自体はわが国であまり紹介されていないようであるが，否定的な展望については，「EC税制の統一について」『国際税務』vol. 12, 1992年などで多少紹介されている。

第7章　EU/ECにおける税制の統合（2）
合併指令

序　　論

　EU/ECにおける税制統合の問題は，直接税の分野と間接税の分野に大別される。間接税の統合に関しては，EC条約第99条がその統合を規定していたため統合化は比較的順調に進展し，欧州理事会は1967年4月11日にVAT（付加価値税）第1号（Directive67／227），第2号指令（Directive67／228）を採択した[1]。この結果，すでに1967年に近代的なVATを導入していたデンマークを除くと，1968年のドイツをかわきりとして1973年のイギリスまでの間に加盟国全9か国（当時）がVATを導入し終えた。その後ギリシャ，スペイン，ポルトガル，オーストリア，スウェーデン，フィンランドが加盟し，現在ではEU加盟国全15か国がVATの導入を終えている[2]。

　これに対して直接税の統合に関しては，EC条約がこの分野の統合を明確に規定していなかったため，間接税の分野と比較するとその歩みは緩やかである。しかしながら歴史的には，1962年のドイツのノイマルクを委員長とする報告書がスプリット・レイト・システムを提唱し，1970年のオランダのテンペルを委員長とする報告書がクラシカル・システムを勧告し，1975年には欧州委員会がインピュテーション・システムを取り入れた指令草案を公表するなど盛ん

な議論がなされてきた。なかでも，1990年のオランダのルーディングを委員長とする通称ルーディング委員会は，法人税の統合に向けて四つの見出し（税率，課税ベース，国境を越える資金運用，二重課税の緩和）で三段階にわたる具体的な勧告をおこなった。この勧告は1992年に概要という形で公表され，「共同体は国境を越える投資と株式の保有に対する差別的で歪んだ租税障壁の排除に取組むべきである」と結論づけた。これに対して，欧州委員会はこのルーディング委員会が提唱するほど意欲的でないレベルを求めていることを伝えるなど疑問や問題点も指摘された。しかしながら，ルーディング委員会報告書が，法人所得税の統合化問題に関する議論に火をつけ，具体的な統合の方向性を与えたことは大変意義深いものである[3]。

このような紆余曲折を辿った直接税の統合化の流れのなかで，欧州委員会は七つの提案を欧州閣僚理事会に行い，1977年12月19日には「加盟国税務当局間の情報交換と相互協力に関する指令」（Directive77／799）が採択され，続いて1990年8月20日には「異なる加盟国間の会社の合併，分割，資産の移転および株式の交換から生じるキャピタルゲインの課税の繰延べを認める指令」（Directive90／434），「親子会社間の利益分配についての二重課税を回避する指令」（Directive90／435），「国際間の二重課税問題を解決する仲裁手続さを定める条約」（Convention90／436）が採択された。また，同じく1990年に欧州委員会から「親子会社間の利子・ロイヤリティーに対する源泉税を廃止する指令草案」と「EC加盟国をまたぐ子会社・支店間の損益の相殺に関する指令草案」も公表されている。

本章では，EC TAX LAW, Paul Farmer and Richard Lyal. 1994を手掛かりとして，「異なる加盟国間の会社の合併，分割，資産の移転および株式の交換から生じるキャピタルゲインの課税の繰延べを認める指令」の内容を明らかにするとともに，その意義と問題点について考察するものである。

第7章　EU/ECにおける税制の統合（2）　93

第1節　合併指令の背景と概要

　会社のグループ化あるいは再編成に係わる取引は，株式の処分あるいは償却および一つの会社から他の会社へ資産の移転を伴う場合には，多くの租税制度の下で株主または会社の段階で課税利得を生じさせることになる。例えば，株式との交換により会社の事業の全部または一部を他の会社へ移転する再編成に係わる取引は，一般的に受取った株式と移転された資産の帳簿価格との差額に基づいて事業資産の移転に課税を生じさせることになる。多くの加盟国では，伝統的にかかるグループ化あるいは再編成に係わる取引に関連して生じる利得については，課税の一時的な繰延べという方法で便宜を与えてきた。しかしながら，このような便宜はクロス・ボーダーの取引には拡張していなかった。1990年7月23日に欧州閣僚理事会は指令90／434を採択した。これが，「異なる加盟国の会社に関係する合併，分割，資産の移転，株式の交換から生じるキャピタル・ゲインの課税の繰延べを認める指令」，一般に「合併指令」と称されているものである。

　この指令は，元々1969年に欧州閣僚理事会に提出されていた「提案書」[4]に基づくもので，共同市場の確立と機能化に直接影響を与える国家法規の接近について規定するEC条第100条に準拠して採択されたものである。指令の序文によれば，クロス・ボーダーの会社のグループ化あるいは再編成に係わる取引は，国内でのかかる取引と比較すると不利益を生じ，このような不利益はEUの会社間での国際的共業の意欲を阻害するものである。共同体レベルでは，加盟国で実施されているシステムに便宜を図ることによって，これらの不利益を除去することはできない。なぜなら，ねじれを作りだすこれらのシステムに相違があるからである。したがって競争の観点から中立である共通の租税システムが必要となる。

特に指令は，合併，分割，資産の移転あるいは株式の交換に関する租税の負担を回避すると同時に，移転会社または被取得会社の所在する国の投資関係者を保護するという二重の目的を有している。

指令では，後述する四つのタイプの取引が個別に考慮されてきた。その際，合併および分割が会社と株主の双方に課税利得を生じさせ，資産の移転が会社だけに課税利得を生じさせ，株式の交換が株主だけに課税利得を生じさせることに注意することである。加盟国の投資関係者を保護すると同時にかかる取引の課税を回避するという目的の間の明白な対立は，会社と株主の段階における課税の一時的な猶予を規定することによって解決される。会社段階においては，これは「恒久的施設（PE：Permanent Establishment）」の概念を用いることによって達成される。OECD（Organization for Economic Cooperation and Development）モデル租税条約第5条1項では，PEとは「事業をおこなう一定の場所であって企業がその事業の全部または一部をおこなっている場所をいう」と定義している。第5条2項の規定によって，PEには事業の管理の場所，事務所，工場，作業所および鉱山，石油または天然ガスの坑井，採石場その他天然資源を採取する場所が含まれる。

多くのクロス・ボーダーの合併，分割あるいは資産の移転の場合，取得会社は移転される資産を使用して移転会社の事業を続けることを意図しているので，通常は移転会社の国内のPEが獲得される。このことが重要である。なぜなら，多くの二重課税防止条約のもとでは，非居住者の利得に対する国家の課税権が，会社がその国内にPEを有するかどうかにかかっている。OECDモデル租税条約第7条1項は，「一方の締結国の企業の利得に対しては，その企業が他方の締結国内にあるPEを通じて当該他方の国内において事業をおこなわない限り，当該一方の国においてのみ租税を課すことができる。一方の国の企業が他方の国内にあるPEを通じて当該他方の国内において事業をおこなう場合には，その企業の利得のうち当該PEに帰せられる部分に対してのみ，当該

他方の国において租税を課すことができる。」と規定する。

　したがって，合併，分割あるいは資産の移転の後，移転会社が所在する国が通常新しいPEの利得に対しては勿論のこと，より重要なことは，取得会社によるその後の資産の処分に基づく利得に対しても課税権を有することである。指令は，資産が引受会社によって最終的に処分されるまで取引に関連して生じるあらゆる利得に対する課税を繰延べることを加盟国に要求することにより合併，分割あるいは資産の移転を促進している。

　加盟国の域内に位置するPEの利得に対する課税権を加盟国に与え，そして，主として1963年OECDモデル租税条約に基づくPEの定義を取入れていた1969年の提案から指令が出発していることは注目される。

　株式の交換による合併および分割は，また移転会社および被取得会社の株主について，その会社で彼らが所有する株式の償却による利得について課税を生じる可能性をもつ。指令は，かかる利得に対する直接税を回避する目的と，旧株式の課税価格に基づいて交換により受取った新株式のその後のあらゆる処分から生じる利得には課税することを許すと同時に，株主に生じた利得に対する直接税を免除することを加盟国に要求することによって，加盟国の投資関係者を保護する必要性と調和させている。したがって，会社段階での利得の場合と同様に，原則は永久的な課税の免除というよりはむしろ本質的には課税の繰延べである。

第2節　合併指令の内容

1．指令の対象となる会社と取引

　指令の対象となる会社と取引については，合併指令第1条および第3条が重要である。

【第1条】

　各加盟国は，この指令を二つ以上の加盟国に所在する会社間の合併，分割，資産の移転および株式の交換に適用することができる。

【第3条】

　当該指令の対象となる「加盟国に所在する会社」とは次のものをいう。

(a) 第3条付属文書に掲げられた形態の一つを採っており，

(b) 加盟国の租税法に従って当該国の課税対象である居住者であり，同時に，第三国と締結された二重課税防止条約の条項において加盟国以外の国の課税対象である居住者でないもので，

(c) さらに，次に掲げる租税に服するもので，選択あるいは免除される可能性のないもの（以下省略）

　この合併指令は，二つ以上の加盟国に所在する会社間の取引，すなわちクロス・ボーダーの合併，分割，資産の移転および株式の交換の各取引に限り適用される。同一加盟国に所在する会社間だけの純粋な国内取引は当然に対象としていない。そこで会社が所在する加盟国を決定することが重要である。「加盟国に所在する会社」という用語は，親子会社指令で用いられている用語（親子会社指令第2条）とまったく同一内容である。第3条付属文書にリストアップされている各加盟国の国内法に基づく特定の形態の一つを採用し，加盟国内の居住法人であり，かつ，国内の法人所得税の課税対象であるという三つの条件をすべて充足しなければならない。

2．取引の種類

　取引の種類については指令第2条が詳細に規定する。

【第2条】

　この指令の目的にとって，

　1．「合併 (merger)」とは，次の取引を意味する。

- 一つ以上の会社が清算することなしに解散し，当該解散会社のすべての資産および負債を存続会社に移転する。引替えに，当該存続会社はその資本を表章する証券を当該解散会社の株主に発行する。発行する証券の額面価格の10%までを，あるいは，額面価格がない場合にはかかる証券の同等の価値を計算してその10%までを金銭で支払うことができる。
- 二つ以上の会社が清算することなしに解散し，当該解散会社のすべての資産および負債を新設会社に移転する。引替えに，当該新設会社はその資本を表章する証券を当該解散会社の株主に発行する。発行する証券の額面価格の10%までを，あるいは，額面価格がない場合にはかかる証券の同等の価値を計算してその10%までを金銭で支払うことができる。
- 会社が清算することなしに解散し，当該解散会社の資本を表章するすべての証券を保有する会社に当該解散会社のすべての資産および負債を移転する。

2．「分割（division）」とは，次の取引を意味する。
- 会社が清算することなしに解散し，当該解散会社のすべての資産および負債を二つ以上の存続会社または新設会社に移転する。引替えに，当該存続会社または新設会社はその資本を表章する証券を引継ぐ資産および負債に応じて当該解散会社の株主に発行する。

3．「資産の移転（transfer of assets）」とは，次の取引を意味する。
- 会社が解散することなしに，すべてあるいは一つ以上の事業部門を他の会社に移転しる。引き替えに，当該他の会社はその資本を表章する証券を当該移転会社に発行する。

4．「株式の交換（exchange of shares）とは，次の取引を意味する。
- 会社が議決権の過半数の獲得に相当する他の会社の資本を取得し，当該会社はその資本を表章する証券を当該他の会社の株主に彼らの証券と引替えに発行する。発行する証券の額面価格の10%までを，あるいは，額

面価格がない場合にはかかる証券の同等の価値を計算してその10％までを現金で支払うことができる。

5．「移転会社（transferring company）」とは，次の会社を意味する。
－すべての資産および負債を移転する会社，または，すべてあるいは一つ以上の事業部門を移転する会社。

6．「引受会社（receiving company）」とは次の会社を意味する。
－移転会社から資産および負債を引受ける会社，あるいは，すべてあるいは一つ以上の事業部門を引受ける会社。

7．「被取得会社（acquired company）」とは，次の会社を意味する。
－証券と交換によって他の会社に持株を取得された会社。

8．「取得会社（acquiring company）」とは，次の会社を意味する。
－証券と交換によって持株を取得した会社。

9．「事業部門（branch of activity）」とは，次のものを意味する。
－会社を分割する場合のすべての資産と負債で，組織の観点から独立した事業を構成し，それ自体機能可能な実体。

(1) 合　　併

合併は三つのタイプの取引に分類することができる。一つ（または二つ以上）の会社のすべての資産および負債を，①他の存続会社に，②新設会社に，③その親会社に，それぞれ移転する場合である。①および②の取引の場合には，移転会社の株主は引受会社の株式（場合によっては一部金銭）を受取る。三つの取引を図式をまじえて説明する。

イギリス会社は，そのすべての資産と負債をフランス会社に移転し，そして解散する。イギリス会社の株主は，イギリス会社の株式と引替えにフランス会社の株式を取得し，イギリス会社の株式は償却される（第1図）。

第1図　他の存続会社への移転

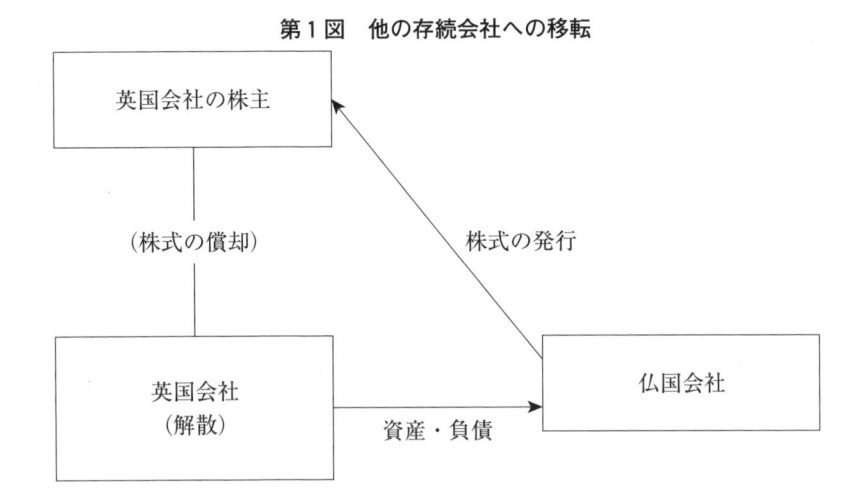

イギリス会社とフランス会社の両社がそれぞれの資産と負債を新設会社に移転し，この両社は解散する。イギリス会社とフランス会社のそれぞれの株主は，この両社の株式と引替えに新設会社の株式を取得し，この両社の株式は償却される（第2図）。

第2図　他の存続会社への移転

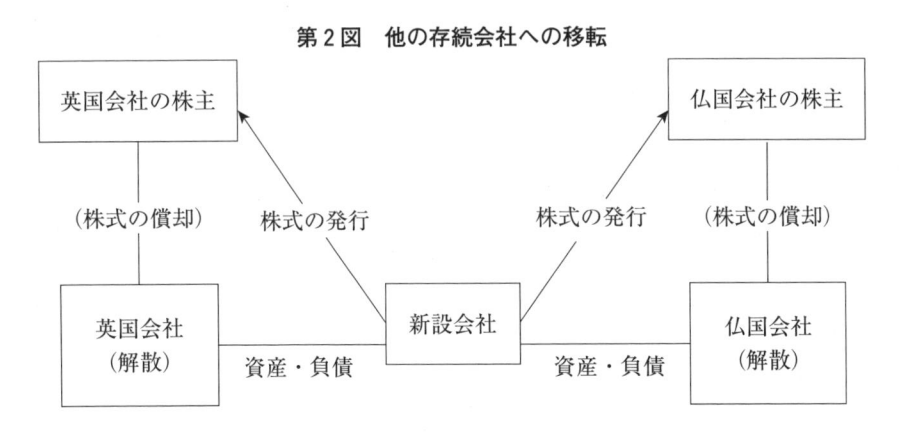

フランス子会社は，すべての資産と負債をイギリス親会社に移転し，解散する。イギリス親会社の保有するフランス子会社株式は償却される（第3図）。

第3図　親会社への移転

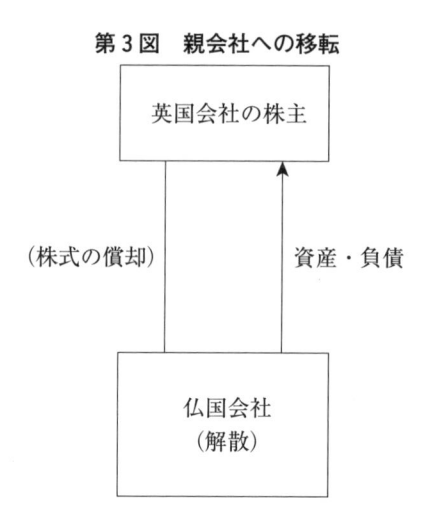

```
           英国会社の株主
              ↑
    (株式の償却)  │ 資産・負債
              │
           仏国会社
           （解散）
```

(2) **分　　割**

　このタイプの取引例としては，清算を行うことなしに解散するイギリス会社が，その資産と負債を他のイギリス会社とフランス会社（既存あるいは新設を問わず）とに分割し，当該解散会社の株主がこれら二つの引受会社が発行する

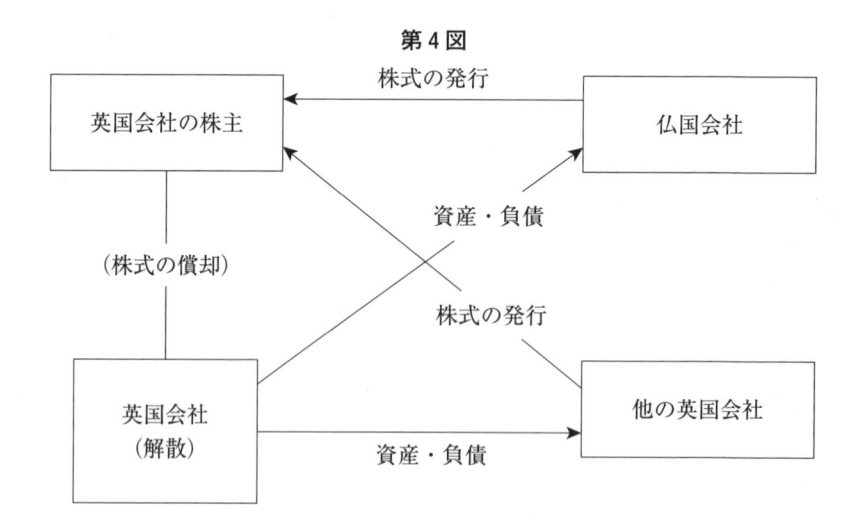

第4図

（英国会社の株主　←株式の発行─　仏国会社）
（英国会社（解散）　─資産・負債→　他の英国会社）
（株式の償却／株式の発行／資産・負債）

株式（制限内であれば現金）を受取る場合をあげることができる（第4図）。

第2条（b）に規定される分割取引は，会社法第6指令を基にしており，この第6指令は会社法第3指令が国内取引にのみ適用されるのに相対するものである。

(3) 資産の移転

イギリス会社は，それ自体機能可能な独立した事業部門をフランス会社に移転する。イギリス会社の株主は，移転した事業部門に応じたフランス会社の株式を受取る（第5図）。

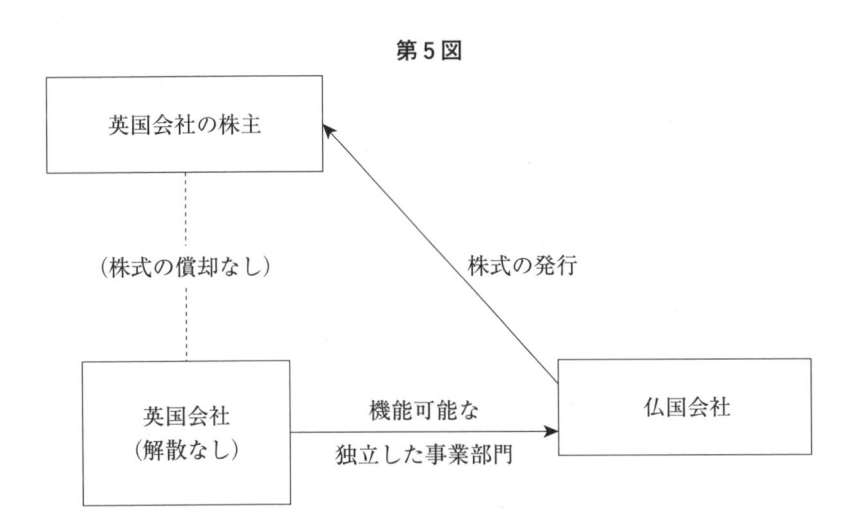

第5図

資産の移転は，この用語が示唆する意味だけでなく，第2条（i）において定義される事業部門の移転を伴う必要がある。すなわち，ここにいう資産はすべてあるいは一つ以上の事業部門をさし，同時にそれ自体が機能可能で独立した部門でなければならない。

(4) 株式の交換

イギリス会社が，フランス会社の株式の過半数をフランス会社の株主から取得し，これと引替えにフランス会社の株主にイギリス会社の株式を発行する

(第6図)。

第6図

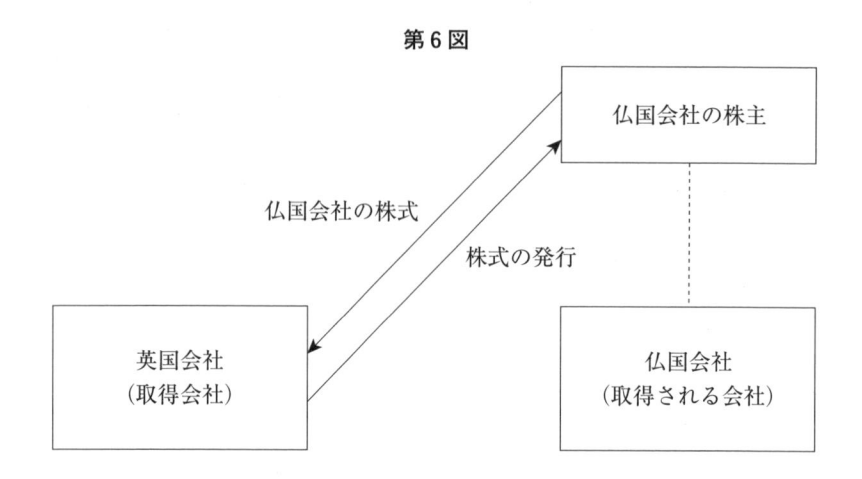

```
                            仏国会社の株主
                           ┌──────────┐
                           │          │
                           └──────────┘
                           ↗        ┊
                  仏国会社の株式      ┊
                  ↗                  ┊
                株式の発行            ┊
    ┌──────────┐                ┌──────────┐
    │  英国会社  │←               │  仏国会社  │
    │ (取得会社) │                │(取得される会社)│
    └──────────┘                └──────────┘
```

3．課税の免除の概要

課税の免除については，第4条，5条，7条，8条および10条が特に重要である。

【第4条】

1. 合併または分割は，資産および負債の実質価値と課税対象価格との間の差額を考慮して計算されたキャピタル・ゲインに対するあらゆる課税を生じさせない。以下の語句はそれらを特定する意味を有する。
    - 課税対象価格：移転会社の資産あるいは負債が合併または分割の時にそれとは無関係に売却されていた場合に，当該移転会社の所得，利益あるいはキャピタル・ゲインを課税対象として計算されるであろうあらゆる利得あるいは損失に基づく価格
    - 移転された資産および負債：移転会社の資産および負債で，合併または分割の結果，移転会社が所在する加盟国にある引受会社の恒久的施設に事実上引継がれるもので，課税対象として考慮した利益あるいは損失の

発生の一部となるもの。

2．加盟国は，引受会社が合併または分割が生じなかった場合に移転会社に適用されたであろうルールに従って，移転された資産および負債に関する新しい減価償却およびあらゆる利得と損失を算定するときには，第1項を適用することができる。

3．移転会社の所在する加盟国の法に基づいて，引受会社が移転された資産および負債に関し第2項と異なる基準で新しい減価償却またはあらゆる利益と損失を計算する権限を有する場合には，第1項はかかる選択権の行使にかかわる資産と負債に適用されない。

【第5条】
　加盟国は，移転会社が正規に設定した引当金または準備金が部分的あるいは完全に租税を免除されており，かつ，国外の恒久的施設に起因するものでない場合には，引受会社が移転会社の権利と義務を引継ぐことによって，移転会社の所在する加盟国内にある引受会社の恒久的施設が，同様の租税免除で，かかる引当金または準備金を引継ぐことができるように必要な措置を講じることができる。

【第7条】
1．引受会社が移転会社の資本を保有する場合に，かかる保有の償却の結果引受会社に生じるあらゆる利得は課税に服さない。

2．加盟国は，引受会社の保有が移転会社の資本の25％を越えない場合には，第1項から離脱できる。

【第8条】
1．合併，分割あるいは株式の交換において，移転会社あるいは被取得会社の資本を表章する証券と交換でなされる当該会社の株主に対する引受会社あるいは取得会社の資本を表章する証券の割当は，かかる株主の所得，利益あるいはキャピタル・ゲインへのあらゆる課税を生じさせな

い。

2．（省略）

3．（省略）

4．（省略）

【第10条】

1．合併，分割あるいは資産の移転において，移転される資産が移転会社が所在する加盟国以外の加盟国に所在する移転会社の恒久的施設を含む場合には，移転会社が所在する加盟国は当該恒久的施設に課税するあらゆる権限を放棄しなければならない。しかしながら，移転会社が所在する加盟国は，あらかじめ回復しなかった損失と当該加盟国における移転会社の課税利益を相殺してきたのであれば，当該会社の課税利益に当該恒久的施設の損失を復活させることができる。恒久的施設の所在する加盟国が移転会社の所在する加盟国である場合には，恒久的施設の所在する加盟国および引受会社が所在する加盟国はかかる移転に対してこの指令の規定を適用することができる。

2．移転会社が所在する加盟国が全世界所得課税のシステムを採用している場合には，当該加盟国は，本指令の規定によらず恒久的施設が所在する加盟国におけるそれらの利益あるいはキャピタル・ゲインに課せられてきた税に軽減を与え，かかる税が実際に課せられそして支払われてきた場合には，第1項から離脱して，同様の方法と同様の金額で，合併，分割あるいは資産の移転から生じる恒久的施設のあらゆる利益あるいはキャピタル・ゲインに課税する権限をもつ。

以上のように，課税の免除に関する規定は大変複雑である。原則は第4条から明らかなように，第1条および第3条の要件に合致する会社間で，第2条に規定する諸取引がおこなわれた場合，関係する会社あるいは株主に生じるキャピタル・ゲインに対して課税はなされないということである。他の点を要約す

れば次のようになる。
① 移転資産の減価償却にもこの免税は適用されうる。
② 移転会社が設定した非課税引当金と準備金が，移転会社の所在する加盟国内にある引受会社の恒久的施設に起因する場合は，免税で引継ぐことができる。
③ 引受会社の保有が移転会社の資本の25％を超えない場合には，この持分の償却により引受会社に発生するキャピタル・ゲインに課税することもできる。
④ 合併，分割あるいは株式の交換の結果，移転会社あるいは被取得会社の株主に生じるキャピタル・ゲインは課税されない。
⑤ 合併，分割あるいは資産の移転において，移転される資産が移転会社が所在する加盟国以外の加盟国に所在する移転会社の恒久的施設を含む場合には，移転会社が所在する加盟国は当該恒久的施設に課税するあらゆる権限を放棄しなければならない。
⑥ 移転会社が所在する加盟国が全世界所得課税のシステムを採用している場合には，合併，分割あるいは資産の移転から生じる恒久的施設のあらゆる利益あるいはキャピタル・ゲインに課税することもできる。

結　　　論

　会社の合併，分割，資産の移転あるいは株式の交換は，企業のグループ化や再編成には必要不可欠な取引である。これらの諸取引から生じるキャピタル・ゲインに対する課税は，国内レベルでの取引に限り，多くの加盟国で伝統的に課税の繰延べという方法により租税上の便宜が図られてきた。合併指令は，このような便宜をクロス・ボーダーの取引にも拡張することにより，従来クロス・ボーダーの取引に生じた租税上の不利益を排除し，競争の観点から中立で

ある共通の租税システムの確立を目指すものである。これは，EUレベルでの企業のグループ化や再編成を税制の面から支援・促進することにより，EU内の企業の国際的競争力の強化を意図するものにほかならない。また本指令は，同時に投資関係者を保護するという二重の目的を有することにも注意しなければならない。この結果，合併指令は非常に複雑で，技術的なものになっている。

対象となる取引に関しては，合併指令は具体的な取引例を限定列挙する方法をとっているが，多くの加盟国がかかる各種の取引を自国内の会社法において想定していないため，実際に指令の意図する租税上の便宜を享受できる取引は限られたものになっている。これは，合併指令と各加盟国の会社法の問題である。EU会社法第10指令草案は，公開有限責任会社のクロス・ボーダーの合併等をも包含するものである。しかしながら，この指令の採択は，ドイツ政府に関係する特に被雇用者関係の問題をめぐる意見の対立によって制約を受けてきた。この結果，第10指令の不採択を原因とする会社法の空白により，多くの加盟国で，合併指令の国内法への導入はあまり進んでいないのが現状である。

合併指令それ自体には，課税の繰延べを直接税について認めるだけで，間接税に関する規定をもたないという問題がある。取引税，登録税，印紙税等の間接税についても課税の繰延べあるいは免除を認めるとき，EUレベルでの企業のグループ化や再編成はより促進されるであろう。また，合併指令の対象となる会社は，三つの要件を同時に充足するものでなければかかる便宜を享受できない。EU内では，この要件を緩和し，加盟国の法人税に服する会社にまで拡張すべきであるという意見がみられる。このような考え方は，合併指令第3条の規定と親子会社指令第2条の規定が完全に同一のものである結果，両指令の解釈上の相違から出発しているようである。

このように合併指令は，指令それ自体の問題と加盟国の会社法との関連で発生する問題を有するが，まず解決を要するものは，加盟国の会社法の整備の問

題であろう。このためには，EU会社法第10指令草案の採択，あるいは，EU会社法第3指令および第10指令草案に基づく欧州会社の組織を統制する諸規定を包含する欧州会社法規則の提案書の採択が不可欠である。加盟国の会社法が合併指令の意図する諸取引を包含するレベルまで整備されたとき，合併指令の国内法への導入は飛躍的に進展するであろう。

1) その後，VAT第3指令（Directive69／463），VAT第4指令（DirectiVe71／401），VAT第5指令（Directive72／250），VAT第6指令（Dlrective77／388）が施行されている。
2) A.J. EÄSSON, Taxation in the European Community, pp. 100-101.
3) 本書，第6章参照。
4) ここにいう「提案書」は，欧州委員会だけが欧州閣僚理事会に提出する権限を有し，EUの運営に関する諸規則，指令の起案書である。

第8章 ドイツ租税通則法および商法典における
EDV会計と会計情報理論

序　　論

　高度情報化社会といわれて久しい今日，我われをとりまく社会・経済環境は大きな変化の波にさらされている。情報化は，企業会計の分野においても，会計実務と会計理論の両側面に大きなインパクトをもたらした。

　会計実務においては，電子式データ処理（EDV）システムの援用である。EDVはコンピュータの急速な技術的進歩によって，企業のさまざまな領域に深く浸透し，企業会計の分野においてもEDVは，加速度的に旧来の帳簿記帳の技法に取って代わるものとなり現代の企業にとって必要不可欠な存在となっている。

　会計理論においては「情報理論」の登場である。現代の会計理論を代表する学説の一つである「会計情報理論」は，わが国では，「制度会計論」と両極をなす概念として分析・評価され，企業会計を「情報会計」と「制度会計」という二つの領域に分類することが一般的におこなわれてきた[1]。

　しかしながら，会計理論は，会計実務と一体になって会計制度としての役割を演ずる会計現象の一環であり，会計実務は，会計理論の権威に裏付けられてはじめて社会的合意制度としての制度形式を備え，機能することができるので

ある。そして会計理論は，このような会計実務の機能に奉仕するかぎりにおいて存立している制度的理論現象なのである。したがって，伝統的な会計理論の枠組みをはみだす会計実務すなわちEDVシステムを援用する帳簿記帳（EDV会計）が進展する現代においてこそ，新しい理論的構築物としての会計情報理論と会計制度（法制度）が要請されるのである。そして会計理論は，このような会計実務の機能に奉仕する限りにおいて制度的理論現象となる。したがって，伝統的な会計理論の枠組みをはみだす会計実務すなわちEDVシステムを援用する帳簿記帳が進展する現代においてこそ，新しい理論的構築物としての会計情報理論と会計制度（法制度）が要請されるのである[2]。

　このような会計実務と会計理論，そして法制度の関係を明確に看破できるのがドイツの制度的構造である。このドイツにおける会計の制度的構造は，すでにわが国においても「法・正規の簿記の諸原則・会計の三身一体関係」として「一定の会計学説が，会計実務の要求に基づいて形成され，この会計学説が正規の簿記の諸原則となって結実する。さらに，正規の簿記の諸原則が成文法として法典化される。……（中略・中西）いったん形成された成文法は，正規の簿記の諸原則を主導するものとなる。さらに，この正規の簿記の諸原則は，会計学説を展開する場合の規範となり，会計学説はその解釈論として展開されることとなる。」[3]と分析されている。

　本章では，ドイツにおけるEDV会計に関する法令の規制構造を，租税通則法（Abgabenordnung, AO）および商法典（Handelsgesetzbuch, HGB）を中心に明らかにするとともに[4]，EDVの正規性に関するドイツ会計情報理論の制度的研究を考察対象にし，法制度と会計実務，会計理論の関係を明らかにするものである。

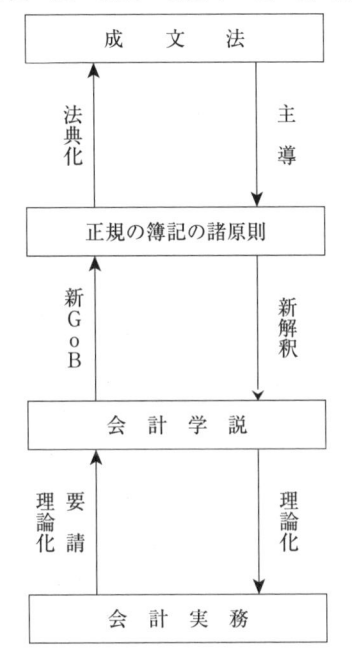

第8章 ドイツ租税通則法および商法典におけるEDV会計と会計情報理論 *111*

第1図　法・GoB・会計の三位一体の関係

```
          成　文　法
    ↑              ↓
  法典化           主導
    ↑              ↓
      正規の簿記の諸原則
    ↑              ↓
   新GoB          新解釈
    ↑              ↓
        会　計　学　説
    ↑              ↓
  理論化  要請     理論化
    ↑              ↓
        会　計　実　務
```

第1節　EDV会計に適用される法制度の概要

　ドイツでは，1965年租税通則法（RAO：Reichsabgabenordnung）ならび1965年商法典（HGB）において，画像媒体が諸帳簿として容認されたのに引き続いて，1997年租税通則法（AO）ならびに1997年商法典（HGB）において，EDV会計に関する規定が明文で設けられた。その後，EDV会計に関する租税通則法ならびに商法典の規定は現行法に受け継がれている。またEDV会計に関する規定は，主に租税通則法と商法典において形成されるが，関連する諸規定は様々な法制度の中にも見いだすことができる[5]。

【租税通則法（AO）】
　　帳簿記帳義務に関する規定　　　　　　　第140条〜144条
　　帳簿記帳の必要条件に関する規定　　　　第145条
　　秩序規定　　　　　　　　　　　　　　　第146条
　　証拠書類の保存に関する秩序規定　　　　第147条
　　不備および強制手段に関する規定　　　　第159条〜162条，325条〜
　　　　　　　　　　　　　　　　　　　　　355条，第370条，377条〜
　　　　　　　　　　　　　　　　　　　　　379条，431条
【商法典（HGB）】
　　帳簿記帳義務に関する規定　　　　　　　第238条
　　商業帳簿の記帳に関する規定　　　　　　第239条
　　書類の保存に関する規定　　　　　　　　第257条
　　画像媒体上よびデータ媒体上の書類の
　　　提出に関する規定　　　　　　　　　　第258条，261条
　　罰則および過料規定　　　　　　　　　　第331条〜335条
【その他の法律上の規定】
　　民法典（BGB）
　　　文書の閲覧に関する規定　　　　　　　第810条
　　民事訴訟法（ZPO）
　　　文書の提出に関する規定　　　　　　　第417条〜427条
　　和議法（VerglO）
　　　帳簿の提出に関する規定　　　　　　　第17条，40条，47条，99
　　　　　　　　　　　　　　　　　　　　　条，100条
　　刑法典（StGB）
　　　帳簿の提出に関する規定　　　　　　　第283条〜283b条
　　　詐欺およびコンピュータ詐欺に関する規定　第263条，263a条

第8章　ドイツ租税通則法および商法典におけるEDV会計と会計情報理論　113

　　文書およびデータの偽造に関する規定　　　　第267条〜274条
　　器物破損およびデータの変更に関する規定　　第303条〜303c条
　　文書機密および私的機密，データのスパイ，
　　　プライバシーの侵害に関する規定　　　　　第220条〜205条
不正競争防止法（UWG）
　　事業機密の漏洩および利用に関する規定　　　第17条〜22条
連邦データ保護法（BDSG）
　　個人データの保護に関する規定

第2節　租税通則法におけるEDV会計の規制構造

1．歴史的経緯

　1977年AOと1977年HGBにおいて，EDV会計に関する規定が明文で設けられたことは前述したとおりである。その改正の年次だけを取上げるとAOとHGBが歩調を合わせて，EDV会計を認容したようにもみえるが，これには次の様な興味深い経緯が存在する。すなわち，1977年AOは，帳簿記帳作業にEDVシステムを援用することはもちろんのこと，EDVシステムの特性の一つでもあるデータ媒体への記帳とその保存を認めたところにその意義と特徴が存在する。しかしながら，所得税の分野では，帳簿記帳作業へのEDVシステムの援用自体は，さらにさかのぼって1967年にすでに認められるところであった（所得税実施準則第27章6項）。もっとも，これは伝統的EDV会計といわれるもので，記帳内容が記憶装置に記録されないものをいい[6]，「電子記憶装置に記録された記帳資料は経済年度の終わりに完全にプリントアウトされなければならず，かつ，期間中常に見読可能にされているという前提条件が付されていた。」[7]。

　このような歴史的な推移を眺めると，1977年のAO改正は，EDVテクノロジ

ーの発展を斟酌するとともに，会計実務の要請から改正されるべくしてなされたものであり，同年のHGBの改正はAOの大きな影響のもとになされたというとらえ方も，一概に否定できないように思われる。

今日に至るまで大きな影響をもつ1977年AOのなかで，帳簿記帳義務と記録義務に関する規定は第140条ないし第147条である。

1977年租税通則法　Abgabenordnung（AO1977）Vom 16. März 1976
（BGB1. IS. 613, BStB1. IS. 157）

【第140条】他の法律による帳簿記帳義務および記録義務

　（本文省略）

【第141条】特定の納税義務者の記帳義務

　（本文省略）

【第142条】農林業者に関する補足規定

　（本文省略）

【第143条】商品受入記録

　（本文省略）

【第144条】商品引渡記録

　（本文省略）

【第145条】帳簿記帳および記録に関する一般的要件

（1）帳簿の記帳は，その記帳が専門的資格を有する第三者に対して，相当な期間内に，取引と企業状態に関する要覧を伝達しうるような性質のものでなければならない。取引はその発生および終了まで追跡しうるものでなければならない。

（2）記録は，課税のために遂行すべき目的が達成されるようにおこなわれなければならない。

【第146条】帳簿記帳および記録に関する秩序規定

第8章　ドイツ租税通則法および商法典におけるEDV会計と会計情報理論　*115*

(1) 記帳およびその他の必要な記録は，完全に，正確に，適正な時期に，かつ整然とおこなわれなければならない。現金収入および支出は毎日確実に記録されなければならない。

(2) 諸帳簿およびその他の必要な記録は，本法の適用範囲において作成され，かつ保存されなければならない。ただし本法の適用範囲外にある営業所に対してその土地の法律により諸帳簿および記録を作成する義務が生じ，かつ，その義務が履行される場合には，これを適用しない。この場合，ならびに，本法の適用範囲外にある機関会社の場合には，その土地の帳簿記帳の結果は，それが課税のために重要な限りにおいて，本法の適用範囲の企業の帳簿記帳に引継がれなければならない。この場合には，本法の適用範囲において租税法上の諸規定に適合させることが必要であり，かつ，このことを明らかにしなければならない。

(3) 記帳およびその他の必要な記録は，現行の言語を用いらなければならない。ドイツ語以外の言語が使用されるときは，税務当局はその翻訳を請求することができる。略語，数字，アルファベットないし図形記号が用いられるならば，それぞれの場合に，その意味を明確に確定していなければならない。

(4) 記帳または記録は，もとの内容がもはや確認できないような方法で変更されてはならない。その変更が最初におこなわれたものであるか，あるいは，事後になって初めて行われたものであるかについて，その状況が不明確な変更もまたおこなわれてはならない。

(5) 諸帳簿およびその他に必要な記録は，これらに適用される手続きを含めて，その帳簿記帳の形式が正規の簿記の諸原則に適合するものである限り，証憑書類の整然としたファイルという形をとることもでき，あるいは，データ媒体の上でおこなうことも可能である。租税法の規定に基づいてのみおこなわれなければならない記録の作成については，その適用

された手続きが認容されるものか否かは，記録の作成が課税のために果たすべき目的により決定される。諸帳簿およびその他に必要な記録をデータ媒体の上でおこなう場合には，そのデータは保存期間中自由に使用可能であり，かつ，相当な期間内であれば何時でも見読可能であることがとくに保証されていなければならない。第1項ないし第4項は，これを準用する。

(6) この秩序規定は，事業者が課税上重要な諸帳簿および記録を作成する義務なくしてこれをなす場合にも適用される。

【第147条】証拠書類の保存に関する秩序規定

(1) 次に掲げる証拠書類は整然と保存する義務を負う。

1. 帳簿および記録，財産目録，<u>年度決算書，状況報告書，開業貸借対照表</u>ならびにこれらの証拠書類を理解するために必要な作業マニュアルおよびその他の組織上の証拠書類

2. 受領された商業書簡または取引書簡

3. 発送された商業書簡または取引書簡の写し

4. 記帳上の証憑書類その他の証拠書類で，課税のために重要なもの

(2) 第1項に掲げる証拠書類は，<u>年度決算書，開業貸借対照表</u>を除き，これらが正現の簿記の諸原則に合致し，かつ，その写しまたはデータが確実に以下の各号を充足する場合には，画像媒体またはその他のデータ媒体での写しによってこれを保存することができる。

1. 写しまたはデータ媒体が見読可能であるときは，受領した商業書簡または取引書簡および記帳証憑書類と画像上一致するもの，ならびに，その他の証拠書類と内容的に一致するもの

2. 保存期間中は自由に使用でき，かつ，相当な期間内であれば何時でも見読可能なもの

第146条5項に基づき，証拠書類がデータ媒体により再生されたとき

第8章　ドイツ租税通則法および商法典におけるEDV会計と会計情報理論　*117*

は，そのデータは，データ媒体にかえてプリントアウトすることにより保存することもできる。このプリントアウトされた証拠書類もまた第1文に従って保存することができる。

(3) 第1項1号に掲げる証拠書類は10年間，第1項に掲げるその他の証拠書類は6年間これを保存しなければならない。ただし，他の租税法において，より短い保存期間が定められている場合はこの限りでない。保存期間は，確定期間が終了していない租税にたいして証拠書類が重要である限り，なお満了しない。第169条2項は適用しない。

(4) 保存期間は，諸帳簿に最終の記入がなされた暦年，財産目録，<u>開業貸借対照表，年度決算書または状況報告書</u>が作成された暦年，商業書簡または取引書簡が受領または発送された暦年，あるいは記帳証憑が発行された暦年，さらに記録がなされた暦年，あるいは，その他の証拠書類が発生した暦年の終了をもって開始する。

(5) 保存すべき証拠書類を画像媒体またはその他のデータ媒体による写しという形のみで提供することができる者は，自己の負担により，その証拠書類を見読可能にするために必要な補助手段を自由に使用させる義務を負う。この者は，税務当局の要求がある場合には，自己の負担により遅

	1977年	1985年
第145条1項1文	die Vermögenslage des Unternehmens	die Lage des Unternehmens
第147条1項1号	Bilanzen	Jahresabschlüsse, Lageberichte, die Eröffnungsbilanz
第147条2項1文	der Bilanz	der Jahresabschlüsse und der Eröffnungsbilahz
第147条4項	das Inventar aufgestellt, die Bilanz festgestellt	das Inventar, die Eröffnungsbilanz, der Jahresabschuß oder der Lagebericht aufgestellt

滞なく証拠書類を全部または一部をプリントアウトし，あるいは，補助手段なしに見読可能な複写を提供しなければならない。

なお，条文中の下線部分は1985年に一部改正されたところであり，改正内容は前頁の表のとおりである。

2．租税通則法における規制構造

帳簿記帳に関する規定は帳簿記帳の形式を規制するものと，帳簿記帳の内容（実質）を規制するものに大別することができるが，EDV会計については，帳簿記帳の形式に関する規制が重要である。すなわち，帳簿記帳の形式的要件を判断するためにはAO第140条ないし148条が基準となるが，EDV会計を直接に規制するのはAO第145条ないし第147条である。帳簿記帳の形式に関する規制は，AO第140条により，租税法以外の法律に基づいて帳簿記帳義務ならびに記録記帳義務を負う全ての者と，AO第141条により，税務当局の確定によって一定の営利事業者ならびに農林業者にも適用される。また，AO第146条6項により，諸帳簿および記録の作成義務を負わない場合であっても，課税上重要な諸帳簿および記録を作成するときには適用される。

(1) EDVと正規の簿記の諸原則

AO第146条5項は，諸帳簿およびその他の必要な記録の処理に関してデータ媒体の援用を認めている。ただし，EDVシステムを援用する帳簿記帳であっても，その際に適用される手続きをも含めて，正規の簿記の諸原則（GoB）に合致するものでなければならない。

GoS (Grundsätze ordnungsmässiger Speicherbuchfuhrung, 本章第5節参照) によれば，次の三つの要件を充足する場合には，EDV会計は，他の技法の帳簿記帳と同様に，GoBに合致するものとみられる。

第一に，専門的資格を有する第三者が相当なる期間内に帳簿記帳に関する状況が理解でき，かつ，取引および企業状態に関する要覧を得るものであること

(GoS. 1・3・1）。

　第二に，元帳機能ならびに勘定機能が保証されるとともに，取引は，適正な時期に把握され，整然と表示されるよう記録し，その発生および処理状況が追跡されうるものであること（GoS. 1・3・1）。

　第三に，記録された記帳内容は，それを見読可能な状態にする際には，事実に即して，正確にかつ明瞭に再生されること（GoS. 1・3・2）。

　このためには，個々の取引の検証可能性ばかりでなく，処理プロセスの検証可能性によって保証されなければならない（GoS. 6・0）。すなわち，伝統的な帳簿記帳の技法の場合と同様に，EDV会計にもGoBが適用されることはもちろんのこと，ブラックボックスのなかでおこなわれる処理プロセスにもGoBが適用されることを前提としている。

　EDV会計の場合であっても，GoBの遵守に関しては，記帳義務者がその責任を有する（GoS.9）。

　以上のことからも明らかなように，AO第145条1項の「帳簿の記帳は，専門的資格を有する第三者が，相当なる期間内に，取引と企業状態についての要覧を伝達しうるような性質のものでなければならない。取引は，その発生および終了まで追跡しうるものでなければならない。」第146条1項の「記帳およびその他の必要な記録は，完全に，正確に，適正な時期にかつ整然とおこなわなければならない。」[8]という規定は，GoBであり，実質的GoBばかりではなく，形式的GoBをも包含するものである。

（2）EDVと帳簿記帳および記録に関する秩序規定

　データ媒体自体は見読不可能という特殊性を勘案して，AO第146条5項は，「データは保存期間中自由に使用可能であり，かつ，相当な期間内であれば何時でも見読可能であることがとくに保証されなければならない」と規定する。この場合，記帳は，とくに各勘定ごとに個別にかつ整然とおこなわれなければならず，また，各勘定は勘定総計または勘定残高ならびに決算上の科目に継続

的に記載できるものでなければならない（GoS. 1・2）。また，見読可能な状態にするに際しては，事実に即して，正確，かつ明瞭に再生する必要がある（GoS. 1・3・2）。

　AO第146条4項では，「記帳または記録は，その原始内容がもはや確認できないような方法で変更されてはならないこと」が要求されている。その変更が，最初におこなわれたものであるか，あるいは，後になって初めておこなわれたものであるかについて，その状況が不明確な変更もまたおこなってはならない。この規定は，一端入力されたデータを変更する場合には，原始入力データ自体の変更を禁止し，原始データを変更するための入力を別途おこない，かつ，その変更がどの時点でなされたものかを明確にすることを要求するもので，EDVのシステムそれ自体の信頼性と関連するとともに[9]，データ入力およびデータ変更に関するコントロール可能性に照準を定めたものである。

　AO第146条3項は，記帳およびその他の記録につき，ドイツ語以外の言語が使用されるときは，税務当局はその翻訳を請求でき，略語，数字，アルファベットまたは図形記号が使用されるときは個々にその意味を明確に定めることを要求する[10]。この規定も明らかにEDVに焦点を合わせたものである。「ドイツ語以外の言語」は，ドイツ語以外の「外国語」あるいは現在使用されていない「古語」などを指すのは当然として，「プログラム言語」等をも念頭に置いたものであると思われる。また同様に，「略語，数字，アルファベット」は，勘定科目等の簡略化・記号化を「図形記号」はフローチャートをも含めて想定していると考えられる。たとえば，「111」は「現金」を表すなどである。

（3）EDVと保存に関する秩序規定

　1965年RAOは，マイクロフィルムを中心とする画像媒体を租税法上の諸帳簿として容認したが，1977年AOは，データ媒体を租税法上の諸帳簿として容認するために，特に保存の要件に関して厳格な規定を設けている。

【10年間保存を要するもの】

AO第147条3項は，AO第147条1項1号に定める諸帳簿および記録，財産目録，年度決算書，状況報告書，開業貸借対照表ならびにこれらを理解するために必要な作業指図書およびその他の組織上の証拠書類を，10年間保存することを要求する[11]。EDV会計にとって，ここでとくに重要となるのは，1977年の改正時に追加された「これらを理解するために必要な作業マニュアルおよびその他の組織上の証拠書類」という文言である。

EDV会計は，他の帳簿記帳と同様に，専門的資格を有する第三者によって形式的にまた内容的な正確性に関して検証可能でなければならない。これは，個々の取引の検証可能性および処理プロセスの検証可能性によって保証されなければならない（GoS.6・0）。これらの検証可能性を保証するためには，処理プロセスの構造と過程が完全に明かになる処理プロセス文書，たとえばプロセス図表あるいはディシジョンテーブルのような一覧表が要求される（GoS・6・1）。また処理プロセス文書には，特に次のことが含まれていなければならない。

① EDVプログラミングのマニュアルの意味でのEDV処理プロセスの論理的な記述（GoS.6・2・1）[12]

② EDV処理プロセスと帳簿記帳のトータルシステムとの連絡の規則に対するマニュアル（GoS.6・2・2）

③ 前述のマニュアル（GoS.6・2・1）と，EDVプログラムの機能との一致が確認された場合の解除プロセスに関する記述書（GoS.6・2・3）

これらの処理プロセス文書は，AO147条1項1号の作業マニュアルおよびその他の組織上の証拠書類の一部を構成する（GoS.6・4）ので，AO第147条3項に基づき10年間の保存が要求される。

これらの証拠書類は，年度決算書および開業貸借対照表を除き，GoBに合致し，かつAO第147条2項の各号の要件を満たす場合には，データ媒体の形で保存することも可能である。

保存期間は，AO第147条4項により，諸帳簿の最終の記入がなされた暦年，財産目録，開業貸借対照表または状況報告書が作成された暦年，商業書簡または取引書簡が受領または発送された暦年，あるいは記帳証憑が発行された暦年，さらに記録がなされた暦年，もしくは，その他の証拠書類が発生した暦年の終了をもって開始する。

【6年間保存を要するもの】

AO第147条3項は，AO第147条1項2号ないし5号に定める，受領された商業書簡または取引書簡，発送された商業書簡または取引書簡の写し，記帳上の証憑書類，その他の証拠書類で課税のために重要なものを6年間保存することを要求する。データ媒体のうち証憑機能のみを有するものも6年間保存しなければならない（GoS.7・0）。保存期間の始期は，10年間保存を要するものと同じである。

【データ媒体の保存の要件と保全】

データ媒体による保存は，AO第147条2項1号に基づき，データ媒体が見読可能であるときは，受領した商業書簡または取引書簡および記帳証憑書類と画像上一致すること，ならびに，その他の証拠書類と内容的に一致することが要求される。ただし，記帳内容が，ただ部分的にのみ見読可能にされていても，帳簿の形で記録された記帳内容を完全に見読可能にすることが保証されない限り，そのデータも保存しなければならない（GoS.7・1）。また，AO第147条2項2号は，データは保存期間中自由に使用でき，かつ，相当な期間内であれば何時でも見読可能なものであることを要求する。このためには，データ媒体は，相当な期間間隔をおいて定期的に機能の正常性について再検査されなければならず（GoS.7・2），取違え，損傷および紛失から保護されなければならない。

【データ媒体上に記録された証拠書類の再生】

AO第146条5項に基づき，証拠書類がデータ媒体上に再生されたときは，デ

ータはデータ媒体にかえてプリントアウトすることにより保存することができる。この場合には，データ媒体に記録された証拠書類の写しに関するプロセスは，記帳義務者の作業マニュアルにおいて文書により記録されなければならない[13]。作業マニュアルには，写しに関する秩序原則を説明し，かつ写しの完全性と正確性を確認するためのプロセスを規定しなければならない（GoS・8・0）。写しは，記帳義務者の計算作業に明確に帰属しえるものでなければならない（GoS.8・1）。

第3節　商法典におけるEDV会計の規制構造

1．歴史的経緯

　前述のように，所得税の分野ではすでに1967年には帳簿記帳作業へのEDVシステムの援用（伝統的EDV会計）を認めていた。しかしながら，租税法における記帳義務者は，「租税法以外の法律により課税のため重要である帳簿および記録を記帳しなければならない者」（1965年RAO第160条1項）であるために，EDVシステムを援用するEDV会計は，全ての商人の帳簿記帳義務を定める商法典（1965年HGB第38条1項）の規定とは長らく矛盾するものであった。しかし，1977年に租税通則法が改正されたのと同時に商法典も改正され，EDV会計（データ媒体を含む）が商法と租税法の両分野で容認されるに至りこの矛盾は解消された。

　1977年HGBは，この後欧州共同体指令を国内法化するために，1985年に大改正された（1986年施行）が，EDV会計を直接規制する帳簿記帳の形式的要件に関する規定はほぼそのままの形で1986年HGBに受継がれ現在に至っている。ここでは1986年HGBのなかで，EDV会計に関する規制を明らかにするとともに，1977年HGBと1986年HGBの関係を顧みる。

　1986年HGBにおいてEDV会計に関する重要な規定は，第3遍商業帳簿のう

ち第238条，239条，257条および261条である。

> 1986年商法典　Handelsgesetzbuch（1981）durch das Bilanzrichtlinien
> 　　　　　　Gesetz Vom19. Dez. 1985.（BGB1.1S.2355）

【第238条】帳簿の記帳義務
(1) すべての商人は，帳簿を記帳し，かつ，その帳簿上に，自己の商取引および財産状態を正規の簿記の諸原則に従って明瞭に記載する義務を負う。<u>帳簿の記帳は，その記帳が専門的資格を有する第三者に対して，相当なる期間内に，取引と企業状態に関する要覧を伝達しうるような性質のものでなければならない。取引は，その発生および終了まで追跡しうるものでなければならない。</u>
(2) 商人は，発送したる商業文書の原本と一致する写し（コピー，複写，転写または文字媒体，画像媒体もしくはその他のデータ媒体上のオリジナルの写し）を保存する義務を負う。

【第239条】商業帳簿の記帳
(1) 商業帳簿の記帳およびその他の必要な記録に際して，商人は，現行の言語を用いなければならない。略語，数字，アルファベットないしは図形記号が用いられるならば，それぞれの場合に，その意味が明確に確定していなければならない。
(2) 諸帳簿への記帳およびその他の必要な記録は，完全に，正確に，適正な時期にかつ整然とおこなわなければならない。
(3) 記帳もしくは記録は，もとの内容がもはや確認できないような方法で変更されてはならない。その変更が最初におこなわれたものであるのか，あるいは事後になってはじめておこなわれたものであるのかどうかにつき，その状態が不明確であるような変更もまたおこなわれてはならない。

(4) 商業帳簿およびその他の必要な記録は，証憑書類の整然としたファイルという形をとることもでき，あるいはデータ媒体の上でおこなうこともできる。ただし，この帳簿の形式は，その際に適用された手続きを含めて，正規の簿記の諸原則に合致していなければならない。商業帳簿およびその他の必要な記録をデータ媒体の上でおこなう場合には，そのデータが保存期間中は利用可能であること，しかも相当なる期間内であればいつでも見読可能であることがとくに保証されていなければならない。第１項から３項までは同様に適用される。

【第257条】証憑書類の保存および保存期間

(1) すべての商人は，以下に掲げる証憑書類を整然と保存する義務を負う。

1. 商業帳簿，財産目録，<u>開業貸借対照表，年度決算書，状況報告書，コンツェルン決算書，コンツェルン状況報告書，</u>ならびにこれらの証拠書類を理解するために必要な作業マニュアルおよびその他の組織上の証憑書類

2. 受領した商業文書

3. 発送した商業文書の写し

4. 第38条１項により商人が記帳すべき帳簿における記帳に関する証憑書類（記帳証憑書類）

(2) 商業文書は，商取引に関する文書に限る。

(3) 第１項に掲げる証憑書類は，<u>開業貸借対照表，年度決算書およびコンツェルン決算書を除き</u>，これらが正規の簿記の諸原則に合致し，かつ，写しまたはデータが確実に以下の各号を充足する場合には，画像媒体またはその他のデータ媒体での写しにより，これを保存することができる。

1. 写しまたはデータ媒体が見読可能であるときは，受領した商業文書および記帳証憑書類と画像上一致するもの，ならびに，その他の証憑書類と内容的に一致するもの

2．保存期間中は自由に使用でき，かつ，相当な期間内であれば何時でも見読可能なもの

　　第239条4項1文に基づき，証拠書類がデータ媒体により作成されたときは，そのデータは，データ媒体にかえてプリントアウトすることにより保存することもできる。このプリントアウトされた証拠書類もまた第1文に従って保存することができる。

(4) 第1項1号に掲げる証拠書類は10年間，第1項に掲げるその他の証拠書類は6年間，これを保存しなければならない。

(5) 保存期間は，商業帳簿に最終の記入がなされた暦年，財産目録が作成された暦年，<u>開業貸借対照表または年度決算書が確定された暦年</u>，商業文書が受領または発送された暦年，あるいは記帳証憑書類が発行された暦年の終了をもって開始する。

【第259条】画像媒体またはその他のデータ媒体による証拠書類の提示

　保存すべき証拠書類を画像媒体またはその他のデータ媒体により写しという形式においてのみ提示できる者は，自己の負担によりその証拠書類を見読可能にするために必要な補助手段を自由に使用させる義務を負う。この者は，必要とされる限り，自己の負担により証拠書類をプリントアウトし，あるいは，補助手段なしに見読可能な複写を提供しなければならない。

1977年HGB		1986年HGB	
第44条1項1号	Bilanz	第257条1項1文	Eröffnungsbilanzen, Jahresabschüsse, Lageberichte, Konzernabschlusse, Konzernlageberichte
第44条3項1文	der Bilanz	第257条3項1文	der Eröffnugsbilanzen, Jahresabschlüsse, und der Konzernabschlüsse
第44条5項	die Bilanz	第257条5項	die Eröffnungsbilanzoder der Jahresabschluß…, der Konzernabschuluß

なお，条文中の二重下線部分は1985年改正時に新設された部分であり，一重下線部は1985年改正時に変更された部分である。

1985年の変更内容は前頁の表のとおりである。

1977年HGBと1986年HGBの条文の関係は以下のとおりである。

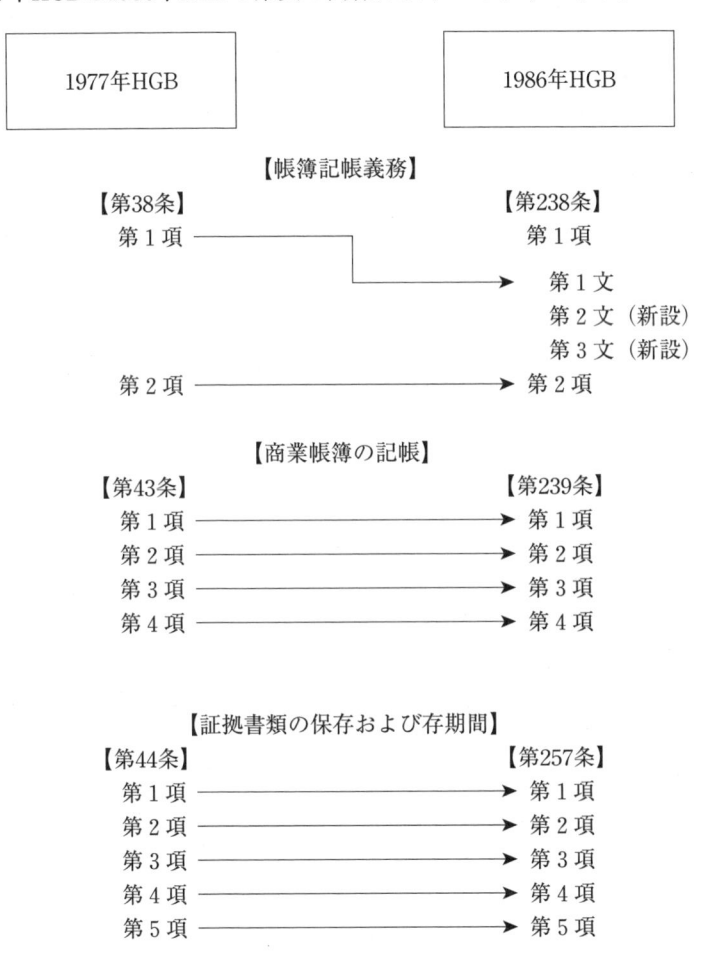

```
┌─────────────┐              ┌─────────────┐
│  1977年HGB  │              │  1986年HGB  │
└─────────────┘              └─────────────┘
```

　　　　　　　　　【帳簿記帳義務】
　【第38条】　　　　　　　　　【第238条】
　　第1項 ─────────┐　　　第1項
　　　　　　　　　　　　│　　　　第1文
　　　　　　　　　　　　└──→　第2文（新設）
　　　　　　　　　　　　　　　　第3文（新設）

　　第2項 ─────────────→　第2項

　　　　　　　　　【商業帳簿の記帳】
　【第43条】　　　　　　　　　【第239条】
　　第1項 ─────────────→　第1項
　　第2項 ─────────────→　第2項
　　第3項 ─────────────→　第3項
　　第4項 ─────────────→　第4項

　　　　　　　【証拠書類の保存および存期間】
　【第44条】　　　　　　　　　【第257条】
　　第1項 ─────────────→　第1項
　　第2項 ─────────────→　第2項
　　第3項 ─────────────→　第3項
　　第4項 ─────────────→　第4項
　　第5項 ─────────────→　第5項

【画像媒体またはその他のデータ媒体による証拠書類の提示】
　　　【第47条a】─────────→【第261条】

2. 商典法における規制構造

　AOにおけるのと同様に，HGBにおける帳簿記帳に関する規定は，帳簿記帳の形式に関する規制と，帳簿記帳の内容（実質）に関する規制に大別することができる。EDV会計については，帳簿記帳の形式に関する規制が重要である。すなわち，帳簿記帳の形式的要件を判断するためにはHGB（1986年）第238条ないし245条，ならびに，第257条ないし261条が基準となるが，EDV会計を直接規制するのはHGB第238条，239条，257条および261条である。帳簿記帳の形式に関する規制は，HGB第238条から明らかなようにすべての商人に適用される。

(1) EDVと正規の簿記の諸原則

　1986年HGB第238条1項は，帳簿記帳につき，その帳簿上に自己の商取引および財産状態を正規の簿記の諸原則に従って明瞭に記載することを義務付けている。また，HGB第239条4項は，商業帳簿およびその他の必要な記録の処理に関してデータ媒体の援用を容認するとともに，その前提条件として，この帳簿記帳の形式が，その際に適用された手続きを含めて，正規の簿記の諸原則に合致することを要求している。

　GoBは，形式的GoBと実質的GoBに区別することができるが[14]，この区別からHGBをみると，第238条1項のGoBは形式的GoBと実質的GOBの両者を包含する一般的原則としての正規の簿記の諸原則であり，第239条4項のGoBは狭い意味すなわち形式的意味での正規の簿記の諸原則を表すものと考えられる。

　EDV会計においては，後者の形式的意味での正規の簿記の諸原則を中心に考察する必要がある。

　1987年 FAMA (Fachausschuß für moderne Abrechnungssystem-Stellungnahme [FAMA1/1987]，本章第5節参照）によれば，正規のEDV会計システムとは，機械および手作業の様々な関連のもとで，完全に，正確に，適正な時期に，かつ，整然とおこなわれ，同時に，専門的資格を有する第三者があ

とからすべて検証可能な帳簿記帳をいう（FAMA, A.）。帳簿記帳の目的は，専門的資格を有する第三者に相当な期間内に取引および企業に関する要覧を伝達しうる時に達成される（FAMA. B. I.）。そのためには，記録義務のある取引を完全に，正確に，適正な時期に，かつ，整然と記録されなければならない（FAMA. B. I.）。

商人には帳簿記帳の義務がある。この任務が委譲されるときには，内部統制システムの組織的対策によって，帳簿記帳義務を妨害する可能性のある諸事象が発見された場合には，その諸事象は修正されなくてはならない。このことは自動化された方式による処理にもあてはまることである（FAMA. B. I.）。

帳簿記帳における不完全な，不正確な，あるいは適正な時期でない記録は，自動化された方式の枠内で自動的に発見されなければならない。したがって，プロセスの中に組入れられたコントロール・システムの妥当性と有効性が，EDV会計システムの正規性の判定基準となる（FAMA. B. I.）。この判定基準の実現は，アプリケーション開発（ソフトウェアの製作と変更，データの保護組織，適切な利用組織）に際して適切なアプリケーション・コントロールを通じておこなわれる（FAMA. A.）。

帳簿記帳の目的から記帳の正当性は監査可能性にある。監査可能性は次の事項を包括している（FAMA. B. I.）。

① 個々の取引について，その発生から最終の表示まで，および，最終の表示からその発生までの再現性
② 専門的資格を有する第三者によって，相当なる期間内にコントロール・システムの妥当性と有効性が判断できるという意味での処理方法（プロセスの文書記録）
③ 処理がその文書記録に従って実施されたという証明

1987年FAMAからも明らかなように，EDV会計がGoBに合致するものであるためには，1986年HGBで第238条1項に追加された第2文と第3文が重要と

なる。第一に，帳簿記帳が，専門的資格を有する第三者[15]に対して，相当なる期間内に，取引と企業の状態に関する要覧を伝達しうるような性質のものであること。このためには，帳簿記帳および記録は，完全に，正確に，適正な時期に，かつ，整然とおこなわれなければならない。第二に，取引がその発生から終了まで追跡しうるものであること。この二つ要件が実質的（内容的）に充足されるのはもちろんのこと，形式的にも充足され，かつ，第239条4項から明らかなように，データの利用可能性と見読可能性が保証されていることが前提となる。このためには，EDV会計に適用された手続き，すなわちEDVの処理プロセスもGoBに合致するものでなければならない（第239条4項）。

(2) **EDVと商業帳簿の記帳**

　データの利用可能性と見読可能性の保証に関して，1986年HGB第239条は以下のように規定する。現行の言語が使用されること，ならびに，略語，数字，アルファベットないし図形記号が用いられる場合には，その意味を明確に確定しておくことを要求し（同条1項），アウトプットされるデータは，完全で，正確で，整然と，かつ，適正な時期に見読可能なものでなければならない（同条2項）。現行の言語，略語，数字，アルファベットおよび図形記号は，AOの場合と同様にEDV会計にも焦点をあてたものである。

　また，記帳もしくは記録は，原始内容が確認できないような方法で変更されることを禁じ，変更がおこなわれる場合には，その変更の状況を明確にすることを要求する規定（同条3項）は，取引の発生から終了までの追跡を可能にするためのものであるとともに，EDVが展開する枠組の中でデータ入力とデータ変更のコントロール可能性に関連するものである。

　1987年FAMAによれば，記帳義務のある取引は，発生後完全に，かつ可能なかぎり速やかにその処理がおこなわれ，いつでも跡づけられ再検査されうるように記録されなければならない。システムから帳簿記帳の時点が識別でき，これらの時点の順序に従ってプリントアウトが可能であることが要求される。

仕訳帳における記録と元帳の諸勘定の記録の同一性に関しても同様である。
(FAMA.B.Ⅰ.1.2.)

(3) EDVと証拠書類の保存および提示

　1986年HGBは，1977年AO同様，データ媒体を商法上の証拠書類として容認するためにとくに厳格な規定を設けている。

【10年間保存を要するもの】

　HGB第257条4項は，同条1項1号に定める商業帳簿，財産目録，開業貸借対照表，年度決算書，状況報告書，コンツェルン決算書ならびにこれらの証拠書類を理解するために必要な作業マニュアルその他の組織上の証拠書類を，10年間保存することを要求する。EDV会計にとってここでとくに重要となるのは，1977年HGBで新たに追加された「これらの証拠書類を理解するために必要な作業マニュアルその他の組織上の証拠書類」という文言である。作業マニュアルはEDVのマニュアルを，その他の組織上の証拠書類はEDVの組織図，ブロックダイヤグラム，EDVの使用規定，機械記録，内部コントロール措置等に関連するものを念頭に置いている。

　1987年FAMAによれば，GoBは専門的資格を有する第三者が相当な期間内に帳簿記帳を理解するために必要なかぎりにおいて作業マニュアルおよびその他の組織上の証拠書類が作成されることを要求している（FAMA.B.Ⅲ.2.2.）ので，外部の者にも理解できるように，処理に関する詳細なプロセス文書記録（ユーザーマニュアル）の作成を求める（FAMA.G.Ⅱ.2.1.）。

　プロセス文書記録は，EDVアプリケーションの下記の範囲について情報を得るものでなければならない（FAMA.B.Ⅲ.2.2.）

　① 役割の記述（特に，専門部門によるプログラム変更の申請）
　② コントロールおよび調整手続きを含む処理原則
　③ エラーの処置
　④ データのアウトプット

⑤　データの保全
⑥　適正なプログラム利用の保障／証明
⑦　処理の具体的な証明，例えばアプリケーション・システムの調整または同類の報告
⑧　EDVアプリケーションと帳簿記帳の全システムとのコミュニケーションの規定
⑨　プログラムの目録
⑩　新しいまたは変更されたプログラムに関する承認手続の方法と内容

　これらの証拠書類は，開業貸借対照表，年度決算書およびコンツェルン決算書を除き，GoBに合致し，かつHGB第257条3項の各号の要件を満たす場合には，データ媒体の形で保存することも可能である。

　保存期間は，HGB第257条5項により，帳簿に最終の記入がおこなわれた暦年，財産目録が作成された暦年，開業貸借対照表または年度決算書が確立された暦年，コンツェルン決算書が作成された暦年，商業文書が受領されたまたは発送された暦年，あるいは記帳証憑書類が作成された暦年の終了をもって開始される。

【6年間の保存を要するもの】

　HGB第257条4項は，同条1項2号ないし4号に定める受領した商業文書，発送した商業文書の写し，記帳に関する証憑書類を6年間保存することを要求する。データ媒体によりこれらを保存するときもまた同様に6年間保存しなければならない。保存期間の始期は，10年間保存するものと同じである。

【データ媒体の保存の要件】

　データ媒体による保存は，HGB第257条3項に基づき，データ媒体が見読可能であるときは証憑書類と内容的に一致することが要求される。この場合の「内容的に一致」とは，データ媒体における写しがオリジナル内容と一致することで，表示する場合に配置が別のものであることは有り得るが，内容だけは

一致していなければならないことを意味する。

【データ媒体上に記録された証拠書類の再生】

　証拠書類がHGB第239条4項1文に基づきデータ媒体により作成されたときは，そのデータ媒体にかえてデータをプリントアウトすることにより保存できる。

第4節　租税通則法と商法典の規制構造

　1977年租税通則法と1977年商法典ならびに1986年商法典の規制構造の関係を条文で図示すると次ようになる。

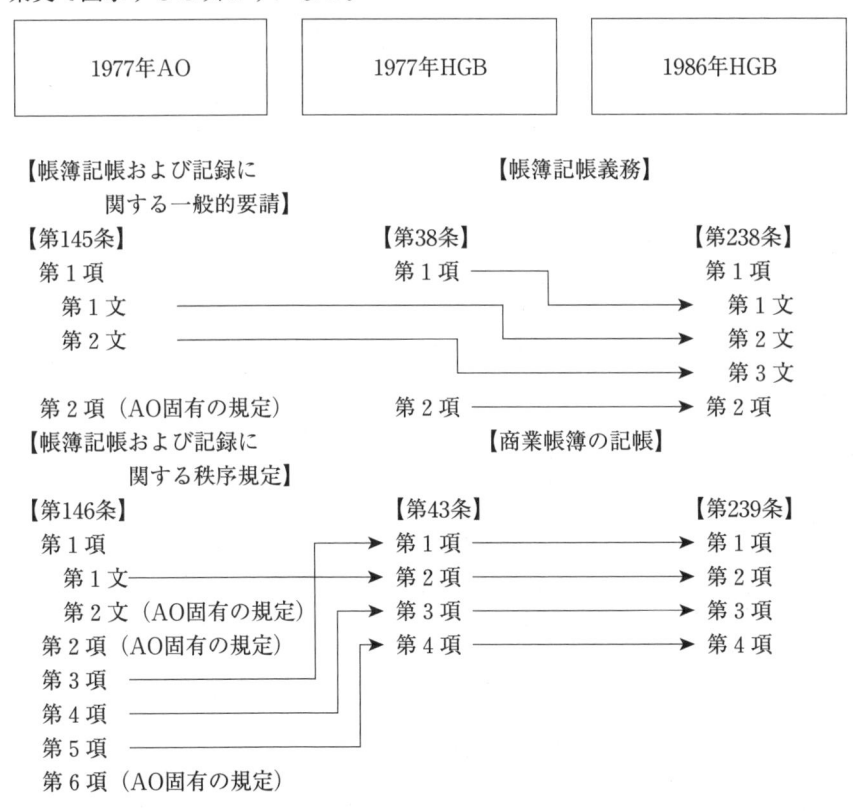

1977年AO	1977年HGB	1986年HGB
【帳簿記帳および記録に関する一般的要請】	【帳簿記帳義務】	
【第145条】	【第38条】	【第238条】
第1項	第1項	第1項
第1文 ──────→		第1文
第2文 ──────→		第2文
		第3文
第2項（AO固有の規定）	第2項 ──────→	第2項
【帳簿記帳および記録に関する秩序規定】	【商業帳簿の記帳】	
【第146条】	【第43条】	【第239条】
第1項	→ 第1項 ──────→	第1項
第1文	→ 第2項 ──────→	第2項
第2文（AO固有の規定）	→ 第3項 ──────→	第3項
第2項（AO固有の規定）	→ 第4項 ──────→	第4項
第3項		
第4項		
第5項		
第6項（AO固有の規定）		

【書類の保存に関する秩序規定】

【第147条】	【第44条】	【第257条】
第1項	第1項	第1項
第1号 ──────→	第1号 ──────→	第1号
第2号 ──────→	第2号 ──────→	第2号
第3号 ──────→	第3号 ──────→	第3号
第4号 ──────→	第4号 ──────→	第4号
第5号（AO固有の限定）	第2項（HGB固有の限定）	第2号
第2項 ──────→	第3項 ──────→	第3項
第3項		
第1文 ──────→	第4項 ──────→	第4項
第2文（AO固有の限定）		
第4項 ──────→	第5項 ──────→	第5項
第5項 ────┐		

　　　　　【データ媒体またはデータ媒体
　　　　　　による証拠書類の提示】
　　　　└→【第47条a】──────→【第261条】

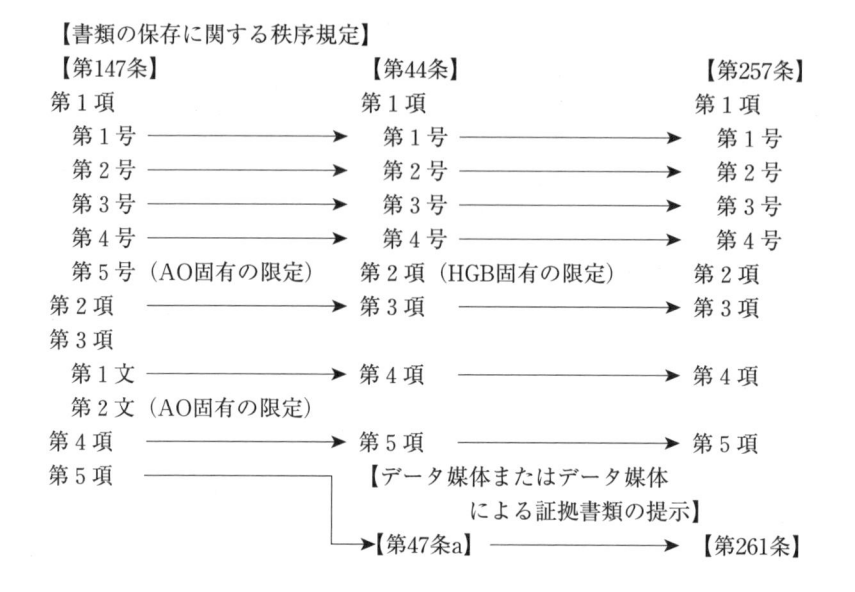

　ドイツ法体系上の視点として，「法典（Gesetzbuch）」と「法（ここではOrudnung）」では，法典がより上位概念として位置づけられてきた（形式的効力は別問題として）。このことは，帳簿記帳の実質的規範においてみられた過去のAOとHGBの関係に如実に現れている。しかしながら，帳簿記帳の形式的要件について，上記のように租税通則法と商法典の規制構造の関係を図示すると，ドイツ法体系上の視点とは異なったAOとHGBの関係が現れてくる。AO固有の規定（主に課税に関するもの）は除き，またAOの「帳簿記帳および記録」がHGBの「商業帳簿」と同一の概念であるとすれば，AOおよびHGBの規定は本質的に同じ内容をもち，EDV会計を規制する「形成的要件」がそのままの形でAOからHGBに受け入れられていることが一目瞭然となる。

　ただ，GoBに関する1977年AO第145条1項1文および2文が，1977年HGBには取入れられず，1986年HGB第238条1項2文および3文として取入れられたことは大変興味深い点ではあるが，ここではその制度的意義を見いだすことはできなかった。

以上のことから，ドイツでは，帳簿記帳の規制においてはHGBよりAOのほうが会計実務により近く位置し，会計実務により大きな影響力をもつことがうかがえる。

第5節　EDVと専門的意見表明

帳簿記帳の形成的要件，特にEDV会計に関連する法規定を補完するものとして専門的意見表明がある。ここでは第2節および第3節で取上げたGoSとFAMAの構成をみることにする。

1．GoS（正規の電子帳簿記帳の原則）

GoSは，正規の電子帳簿記帳の原則といわれるもので，ドイツのエッシュボルンに本部を置く経済行政研究所によって作られた。この作業には，連邦および各州の最高財政庁の経営体監査局により設置された「電子帳簿記帳」に関する作業グループが協力した。GoSは，1978年に連邦大蔵大臣から各州大蔵大臣宛の通達（GoSを出すに当たっての連絡文書）の添付文書として，GoSの本文が公表された。その構成は次のとおりである。

連邦大蔵大臣の通知書 （BStBl. 1978 I. S. 250）	正規の電子帳簿記帳の原則 GoS
Ⅰ．法的根拠，本質および適用範囲 　―データ媒体 　― GoB 　―その他の形式のEDV帳簿記帳に対するGoSの拘束性 Ⅱ．証憑の準備と証憑機能	1．序文 　―法的根拠 　― EDVの概念 　― GoB 　専門的資格を有する第三者による伝達 　―帳簿記帳の機能 　―見読可能性 2．証憑書類の整備および証憑書類の機能

― 断続的証拠書類および文書記録　　　　　― 個別的，集積的または連続的証憑
　　　　　　　　　　　　　　　　　　　　　　　　書類による証明
　　　　　　　　　　　　　　　　　　　　　　― 適当な処理および時系列的分類
　　　　　　　　　　　　　　　　　　　　　　― データ媒体の援用
　　　　　　　　　　　　　　　　　　　　　　― コントロールと内容の完全性
　　　　　　　　　　　　　　　　　　　　　　― 再生
Ⅲ．記帳　　　　　　　　　　　　　　　　3．記帳
　　― 処理可能な電子記帳　　　　　　　　　― 勘定機能と証憑機能
　　　　　　　　　　　　　　　　　　　　　　― データ変更の確認
　　　　　　　　　　　　　　　　　　　4．コントロール
　　　　　　　　　　　　　　　　　　　5．データの保全
　　　　　　　　　　　　　　　　　　　　　― 記帳義務者の責任
　　　　　　　　　　　　　　　　　　　　　― 内容の一致
Ⅳ．文書記録および監査可能性　　　　　　6．文書化と検証可能性
　　― 文書化がおこなわれていない　　　　　― 事象の検証と処理プロセスの検証
　　　場合には帳簿記帳は正規のもの　　　　― 処理プロセスの明確化
　　　ではない　　　　　　　　　　　　　　― 処理プロセス文書の保存義務
　　― 専門的資格を有する第三者　　　　　　― 見読可能性の保証
　　― 変換リスト（プログラム記録）
Ⅴ．保存期間　　　　　　　　　　　　　　7．データ媒体の保存と保護
　　　　　　　　　　　　　　　　　　　　　― データの保存
　　　　　　　　　　　　　　　　　　　　　― 機能の正常性
　　　　　　　　　　　　　　　　　　　　　― データ媒体の保護
　　　　　　　　　　　　　　　　　　　8．データ媒体上に記録された証拠書類の
　　　　　　　　　　　　　　　　　　　　再生
　　　　　　　　　　　　　　　　　　　　　― 秩序原則
　　　　　　　　　　　　　　　　　　　　　― 内容の一致と検証可能性
　　　　　　　　　　　　　　　　　　　9．責任
　　　　　　　　　　　　　　　　　　　　　― 記帳義務者の責任

2．FAMA

　FAMAは，ドイツ経済監査士協会の近代的決算システム専門委員会の意見表明として公表されている文書である。近代的決算システム専門委員会は，1972年FAMA「社外でのEDV帳簿記帳の正規性と監査」，1974年FAMA

「EDV帳簿記帳の監査」，1975年FAMA「会計制度においてEDV資料を使用する場合のGoBの注釈」，1978年FAMA「監査補助手段としてのデータ処理」に代わる意見表明として1987年FAMA「コンピュータを使用する場合の正規の簿記の諸原則と監査」を提示した[16]。1987年FAMAは，その表題のとおりコンピュータを使用する場合の帳簿記帳の正規性と監査方法にその内容は大きく分かれるが，その構成は次のとおりである。

FAMA 1／1987

A．序章
B．コンピュータを使用する場合の帳簿記帳の正規性
　Ⅰ．諸原則
　Ⅱ．形式的な正規性判断基準としての検証可能性
　　1．個々の取引事象の再現性
　　1.1．証憑書類の機能
　　1.2．仕訳帳機能
　　1.3．勘定機能
　　2．記帳手続きの再現性
　　2.1．コンピュータ文書記録
　　2.2．保存義務
　Ⅲ．コンピュータを援用する帳簿記帳システムの正規性に関する判断基準としての内部コントロール・システム
　　1．内部コントロール・システムの制定のために実施すべきコントロール
　　2．EDVのさまざまな使用形態において必要なコントロール
　　2.1．コントロール
　　2.2．一般的コントロール
　　2.3．特殊な組織形態におけるコントロール
　　2.3.1．分散型データ処理組織におけるコントロール
　　2.3.2．社外での帳簿記帳におけるコントロール
　　2.3.3．小規模なEDV利用におけるコントロール
　　2.4．特定の処理形態におけるコントロール
　　2.4.1．対話型処理におけるコントロール
　　2.4.2．データベース・システムにおけるコントロール
　　2.4.3．通信システムにおけるコントロール

C. 監査方法
  Ⅰ. 監査対象への監査方法の適合化
  Ⅱ. 個々の監査方法
    1. コンピュータ処理監査
    1.1. コンピュータ監査の枠組みでの一般的監査手続き
    1.2. コンピュータ監査の枠組みでのコンピュータ援用監査手続き
    1.2.1. プログラム機能のコンピュータ援用監査
    1.2.2. プログラム同一性のコンピュータ援用監査
    2. コンピュータ援用個別事例監査
    2.1. 実施
    2.2. 提示されている結果の利用
    2.3. 必要なデータの利用可能性
    2.4. 監査のために利用可能なソフトウェア
  Ⅲ. コンピュータ監査の時点
    1. 序言
    2. アプリケーション開発のプログラムまたは購入したプログラムの監査
    3. アプリケーション使用前の監査
    4. プログラム受取り後の監査
  Ⅳ. 監査結果
    1. 決算監査
    2. 帳簿記帳プログラムの別途監査
  Ⅴ. 第三者の監査結果の利用

第6節　正規のデータ処理の諸原則（GoDV）

　EDVの正規性に関してドイツ会計情報理論の代表的文献とみられるシュッペンハウアの正規のデータ処理の原則（GoDV：Grundsätze ordnungsmäßige Datenverarbeitung）[17] をとりあげ，彼が提唱するGoDVを考察するものである。

1. EDVをとりまく状況

　シュッペンハウアは，まず現代ドイツの会計分野におけるデータ処理をとりまく状況を把握することにつとめている。

第8章　ドイツ租税通則法および商法典におけるEDV会計と会計情報理論　*139*

　データ処理の技術的発展によって，EDVの専門家の指示は，会計制度においてGoBに矛盾し，そのため決算監査を困難にするような方向へと進むことが稀ではない。これは，多くの企業においてデータ処理がさまざまな部門に従属することなしにおこなわれていることから生じている。そして極端な場合には，EDV専門家は，技術的問題に配慮するだけで，GoBについては自覚すらしていない。

　しかしその一方において，GoBから明かになる要件を充足し得るためには，EDVにはいろいろな前提となる技術的条件が存在すること，および，EDVに関するおびただしい規定と専門的意見表明がEDV専門家には十分認識されていない，あるいは正しく理解されていないということを認めている。実際上，EDVの専門家には，その技術指向教育の枠内では関係諸規定および専門的意見表明を理解させることができず，その上EDVの専門家には法的素養があまりにも欠如しているという[18]。

　データ処理に関する法律上の諸規定は，その技術革新に対して過去に関係し，必要とされる意見表明も数年遅れで初めておこなわれ，それまでは不安定性が支配する。関係者は，その利害状況に応じてこうした不安定性をおおいに利用している。また，これらの規定は，一つの枠組を与えているに過ぎず，実務の問題との調整において境界線を設定するのに必要なさまざまな問題点を未解決のままにしていると指摘する[19]。

　このような状況の下では，経済監査士の職分に対して，円滑な監査の実施のためにデータ処理の要件を構築する必然性が生じ，彼が提起する諸原則は，データ処理の問題に関する理解と議論を深めるために役立ち，幅広い承認を受けた場合にはEDV組織を判定するための基準になる。

2. EDVと正規性

(1) EDVの指向性をめぐる対立

　データ処理は，多くの技術的処理基準と理論体系により独自の思考様式を生み出し，そして発展して独立した原理になった。このため提供される技術は，今日もなおEDV要員に対して非常に高度な要件を求めており，基準と法律以上の規定を備えた帳簿記帳および監査という他の領域の要件に対して抵抗を招きやすいものになっている。

　EDVの専門家は，文書記録処理および制御処理を正当化できうる最小限度まで制限するということに関心を持っており，彼等自身がその作業をどこまで理解し得るかということによって，最小限度を測定する。しかし，EDVの専門家は，局外の第三者（たとえば内部および外部の監査人）による理解に対しては，通常たいした関心を有していない。

　これに対して，専門分野もEDVの技術的問題に介入する関心をあまり持っていない。なぜなら，その基礎知識が異なり，専門分野は解決を求めるだけで解決の過程までを求めるものではないからである。しかし，局外の専門家（内部監査人，決算監査人，経営検査士，社会保険業者の検査人）は，必然的に，EDV組織を極端な短時間の内に詳細に検査しなければならない立場にある。それゆえ，証拠書類についての義務を負うEDVの専門家は，局外の専門家の要件に対して過大な要求を感じているという[20]。

　ADI：Anwendungsverband Deutscher Infomationsverarbeiterの研究グループは，「正規のデータ処理」の概念と根本的に取り組み，若干の作業処理の制御に関するコンセプトを提言してきた。その概念解釈の成果として，基準の認知はデータ処理に関する基準の有用性からのみ誘導されるものであり，法律上の規定から導かれるものではないということが明かになった。しかし会計制度上のGoBの適用範囲は拡大し，完全性，正確性および検証性の要件により，GoBがデータ処理に影響を及ぼすことは認められているといえる。コンセプト

は，作業過程のみに関係するもので，基準を必要とする他の領域には言及されておらず，要件は拘束性が損なわれないようにより詳細な解釈が必要である。

またこれとは別に，「作業領域ガイド」[21]の執筆者グループは，正規のデータ処理の諸原則を定式化するための原則として，許容性（連邦情報保護法に関する），完全性，正確性，検証性および安全性を挙げている。これらは作業処理過程において重要なものであるが，その内のいくつかのものは故障に対する安全性とEDV文書記録に関係するものでもあり，それゆえ，このガイドはADIグループのものに比べてより現実に即したものである。

これらの研究の内で本質的なものは，今日効力のある報告に掲載されており，そこから実務作業の基準としてのシェーマが導き出されている。シュッペンハウアは，基準のシェーマはGoBをデータ処理に適用するために詳細に注釈されねばならないが，注解は解決策として理解してはならない，むしろその時々の技術的組織的に際立つものに適応すべき内容として理解されるべきであると考える[22]。

(2) システムと内容の単一性

帳簿記帳の監査対象は，帳簿記帳の形式的構造（すなわちシステム工学的構造）と帳簿記帳の実質的内容の両方に存在し，GoBは，形式的正規の簿記の諸原則も実質的正規の簿記の諸原則も同じく包含している。これまでの伝統的な帳簿記帳システムの場合には，これらの両方の構成要素を個別に考察する必要性は存在しなかった。かつてルーズリーフ式帳簿，複写式簿記，記帳自動装置あるいは手作業の債権債務残高記帳は，その都度一つのシステムを具現していたが，これらのシステムはGoB，法律およびその他の規定に従うものであり，組織上個別の存在として展開できなかった。それゆえ，システムと内容の単一性は必然的に保証されていた。しかしながら，このような簡潔な図式は，データ処理の普及によって揺らぎだし，他の領域との密接な関係に行きつく（第2図）。

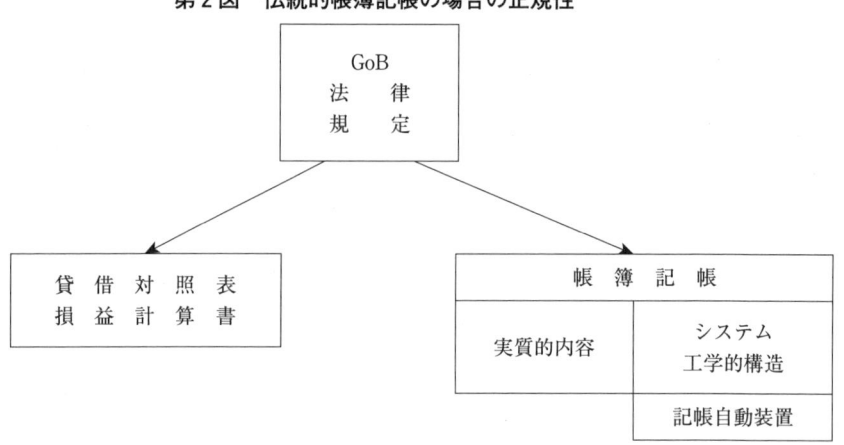

第2図　伝統的帳簿記帳の場合の正規性

```
         ┌─────────┐
         │  GoB    │
         │ 法 律   │
         │ 規 定   │
         └─────────┘
          ↙       ↘
┌─────────────┐   ┌──────────────────────────┐
│ 貸借対照表  │   │       帳 簿 記 帳        │
│ 損益計算書  │   ├──────────┬───────────────┤
└─────────────┘   │          │  システム     │
                  │ 実質的内容│  工学的構造   │
                  │          ├───────────────┤
                  │          │  記帳自動装置 │
                  └──────────┴───────────────┘
```

　データ処理の普及により帳簿記帳の責任が部分的責任に分離され，ある種の部分が自動決算機に委譲された。経営経済的決算手続が完全自動化された帳簿記帳システムへ移行し，その中で全体の処理は詳細に定義された処理文書すなわちプログラムによって決定される。人間は確定したプロセスの中ではシステムを捕らえられない。データプログラムも磁気媒体に貯えられ，もはや直接には見読できない。

　データ処理は時の経過とともに発生した技術的問題とその解決方法から組織目標と価値基準を創り出した。シュッペンハウアは，組織的目標と価値基準からEDVの概念として，「合理的作業方法」，「最適組織」，「集積」，「直接処理」，「総合通信」を明確に掲げ，その範囲は情報科学の研究目的によって絶えず拡大されているという[23]。

　しかし，このような組織的目標と価値基準の追求によって，実務では会計制度の正規性の要件と矛盾する解決策がよく発生し，それがシステムと内容の単一性を分離するような印象を一部に与えている。データ処理の技術指向性は簿記手続きの正規性の要件に代えて技術的価値基準を据えてはならず，技術的価値基準を自由に追求してはならない（第3図）。

第8章 ドイツ租税通則法および商法典におけるEDV会計と会計情報理論　143

第3図　データ処理を使用する場合の正規性の問題

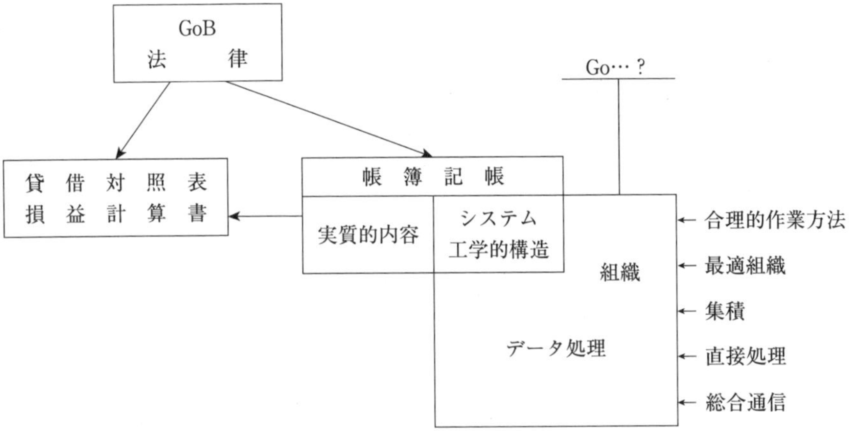

```
        ┌─────────┐
        │   GoB   │
        │  法 律  │
        └────┬────┘
    ┌────────┴──────┐              Go…？
    ↓               ↓
┌─────────┐  ┌──────────────────────────┐  ← 合理的作業方法
│貸借対照表│  │      帳 簿 記 帳         │
│損益計算書│← │ ┌──────┬──────┐         │  ← 最適組織
└─────────┘  │ │実質的│システム│         │
             │ │内容  │工学的 │ 組織    │  ← 集積
             │ │      │構造  │         │
             │ └──────┴──────┘         │  ← 直接処理
             │      データ処理          │
             │                          │  ← 総合通信
             └──────────────────────────┘
```

　また，データ処理を使用して作成される帳簿記帳の場合には，伝統的で監査可能な実質的内容のみならず，監査可能性を今後も維持するためにシステムも文書記録の対象となる。したがって，データ処理のシステムは，若干の部分において非常に複雑であっても帳簿記帳の新しい要素とし位置づけることはできないものであり，実質的内容から分離させることはできず，システムと実質的内容との単一性は疑問視されるものではない。

　シュッペンハウアは，専門領域において本質的に帳簿記帳について言及するGoBは，正規のデータ処理の諸原則（GoDV）だけで補完されるべきであり，GoDVは，データ処理の領域においてもGoBの遵守を保障するものであるという。GoDVは，システムと内容の単一性の原則に従わねばならず，同時に現在および将来の拘束力をもつ基準として定めねばならないと，主張する。また，GoDVはGoBの遵守を疑わしいものにしないような方法でのみ追求されるべきであるともいう。データ処理が帳簿記帳とならんで会計制度の属さない企業領域で使用される場合にも，ここに表した従属関係はいつまでも存続すると述べている[24]（第4図）。

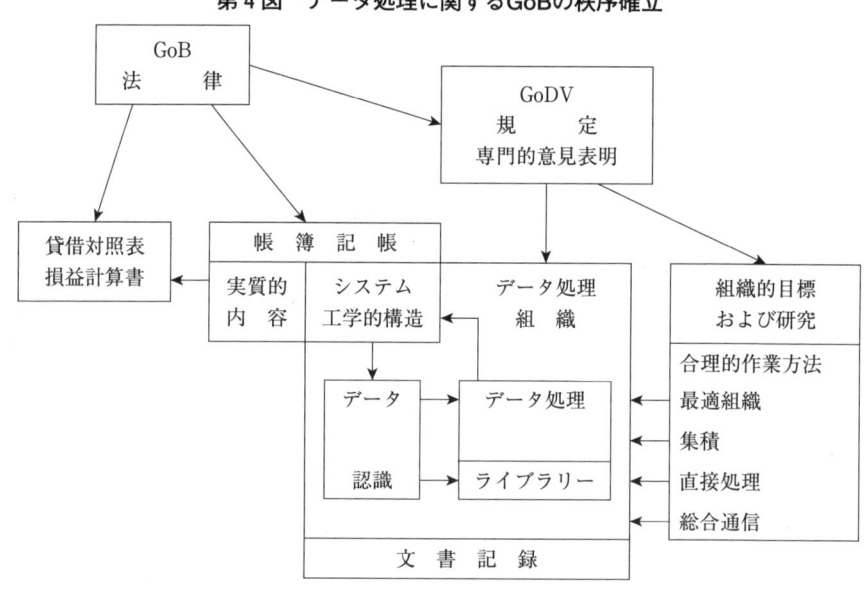

第4図 データ処理に関するGoBの秩序確立

```
                    GoB
                   法　律
                    │    ＼
           ┌────┬───┤      ＼
           ↓    │   ↓       ↓
                │          GoDV
                │          規　定
                │       専門的意見表明
                │            │
  ┌──────┐ ┌─────────────────┐  │  ┌──────┐
  │貸借対照表│ │    帳　簿　記　帳    │  │  │組織的目標│
  │損益計算書│ │                      │  │  │および研究│
  └──────┘ │ 実質的  システム  データ処理│  └──────┘
           │ 内　容  工学的構造  組　織 │  │合理的作業方法│
           │                            │←│最適組織      │
           │       データ → データ処理 │←│集積          │
           │       認識    ライブラリー │←│直接処理      │
           │                            │←│総合通信      │
           │       文　書　記　録       │
           └─────────────────┘
```

3．正規のデータ処理の諸原則（GoDV）

　データ処理はシステムと内容の単一性からそれが会計制度に組込まれるや否や帳簿記帳の構成要素になるということが誘導され，このためデータ処理はGoBに拘束される。しかし，データ処理の適正性の問題については，完全性，正確性，適時性，明瞭性，証拠性，安全性および監査可能性という帳簿記帳手続き上の諸原則を単にデータ処理に覆いかぶせるような過去の試みは否定されなければならない。なぜなら，データ処理は帳簿記帳とは異なった実用本位のものであること，したがって，データ処理の正規性の問題も帳簿記帳とは異なるからである。

　この問題性の理解には，基本的な秩序を必要とする外観形成，すなわち帳簿記帳手続き上の処理法ならびに文書記録，処理の進展および機能能力に問題性を区分する必要がある。

　シュッペンハウアは，「GoBによるデータ処理任務の拘束」，「文書記録によ

る処理方法の理解の容易性」,「処理進展のコントロール可能性」,「システムの機能安全性」を中心原則として据え，次の様に定義している[25]。

(1) **任務拘束性の原則**

　任務の拘束性は，委託されたデータによって複数の目的を追求するデータ処理を禁止するものである。帰属すべき部署に報告されない利用は，その責任部署と検討を要する。ここからさらに付加的な許容性の原則が誘導され得る。任務の拘束性は，また連邦データ保護法（BDSG：Bundesdatenschutzgesetz）の規定に対応する。なぜなら，依頼者のデータ処理と場合によってはデータの転送をその規定の指示に依存するからである（BDSG第37条）。

　したがって，データ処理の要件は，作業処理の正規性とコントロールの可能性および安全性ばかりではなく，その上位に位置する不可欠の重要事項，すなわち会計制度と監査に関連してデータ処理の作業方法とその結果の正確性に関する責任を適正に保障し得るものでなければならない。

(2) **理会性の原則**

　決算手続は，完全でかつ正確なデータが照合され得るためには理解し易く（理会性）なければならない。ブラックボックスであるデータ処理機能は，不透明感とコントロール放棄の傾向の中では受入れることができない。

　理会性は，EDV帳簿記帳のために次の様に解釈される。すなわち，専門知識を有するあらゆる第三者が，必要とする場合には「EDVの技術的な特殊知識無しに」,「他人の援助無しに」,「相当の時間内に」,「決算手続に関する外観を入手できなければならず」,「データの展開をシステムの中でインプットから結果のアウトプットまで追跡し，照合できなければならない」,「決算手段の個々の部分の関連を相対的に確認できなければならない」と。

　決算手続の理会性は，このような要件を充足する文書記録によってのみ達成されうる。しかし文書記録は，理会性とコントロール可能性を達成するために不可決なもの以外は何ら含まれるべきではない。文書記録の範囲は，システム

の複雑さと帳簿記帳の理会性から誘導されるべきである。

また理会性は，EDVの作業遂行に関する要件としても解されるべきである。その結果，理会性は「コントロール可能性の原則」によって保障される。

(3) **コントロール可能性の原則**

データ処理は，インプットからアウトプットまで一貫したコントロールに委ねられるべきである。コントロールは，データの完全性と正確性，適時のインプットおよび処理を保障しなければならない。データの流れは，データインプットの際にデータを分けたあらゆる部分およびデータを供給したあらゆる部分において検査可能でなければならない。

EDVプログラムには絶対的な正確性に対する保証が存在しないので，EDVシステムのコントロールは，完全性，正確性，適時性および監査可能性の保証のために必要不可欠のものとして存在する。不必要あるいは効果のないコントロールは，安全性に関して誤った感覚を作り出すので禁止されるべきである。

(4) **機能安全性の原則**

データ処理の安全性は先決条件であり，この条件のもとで人的記帳作業，計算作業および監視作業の移転は工学システム上一般に受け入れられ，かつ合目的的でありうる。

データ処理によって帳簿記帳の関係書類が独占的に処理され，かつ，ライブラリーに保存される場合に，GoSの意義におけるデータ，プログラムおよびEDV装置と稼動システムの利用と，法律上必要な帳簿記帳資料の保存期間が保障されうるためには，使用可能性と操作に対する安全性はGoBから誘導される追加規範となる。

また安全の要件はBDSGの組織コントロールと一致する（BDSG第6条）。

適正な安全措置は，システムの使用と結びついたハードウェア，ソフトウェア，集積データ等の破壊の危険と作業の危険を出来うる限り広範囲に防止することを助ける。

(5) GoDVの整理

シュッペンハウアは，データ処理の正規性に関する中心原則として，「任務の拘束性」，「理会性」，「コントロール可能性」，「機能安全性」を定義し，これらの四原則の関係を次の様に整理し第5図に表している[26]。

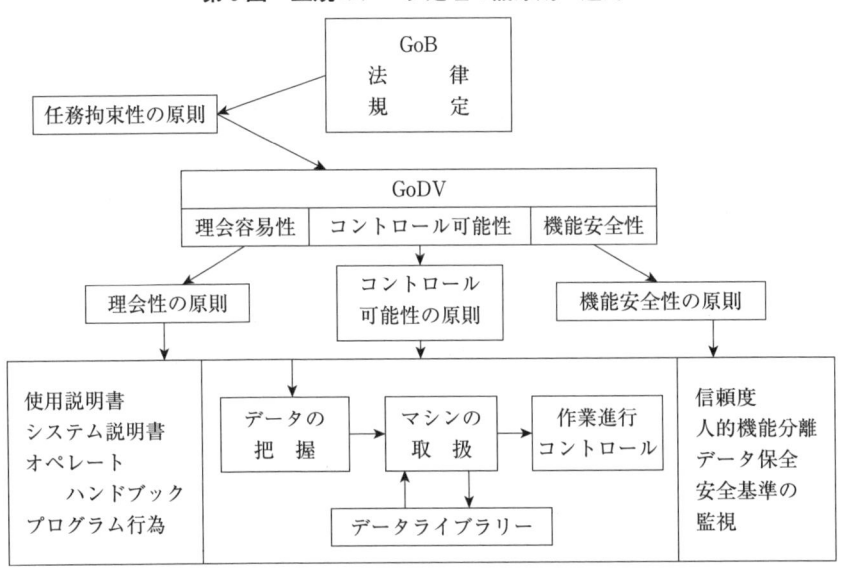

第5図　正規のデータ処理の諸原則の適用

```
                        ┌─────────────┐
                        │    GoB      │
        ┌──────────────▶│  法   律    │
┌───────────────┐       │  規   定    │
│任務拘束性の原則│◀──────│             │
└───────────────┘       └──────┬──────┘
                               │
                        ┌──────▼──────────────────┐
                        │         GoDV            │
                        ├─────────┬────────┬──────┤
                        │理会容易性│コントロール│機能安全性│
                        │         │可能性   │      │
                        └────┬────┴────┬────┴───┬──┘
                             │         │        │
                      ┌──────▼──┐ ┌───▼────┐ ┌──▼──────┐
                      │理会性の │ │コントロール│ │機能安全性│
                      │原則    │ │可能性の │ │の原則   │
                      │        │ │原則    │ │        │
                      └────┬───┘ └───┬────┘ └───┬────┘
┌──────────────────────────┴─────────┴──────────┴────────────┐
│使用説明書     │データの│ │マシンの│ │作業進行│ │信頼度      │
│システム説明書 │ 把 握 │ │ 取 扱 │ │コントロール│ │人的機能分離│
│オペレート     │       │ │       │ │       │ │データ保全  │
│   ハンドブック│       │ │       │ │       │ │安全基準の  │
│プログラム行為 │       │ │データライブラリー│ │      │ │ 監視     │
└────────────────────────────────────────────────────────────┘
```

「理会性」，「コントロール可能性」および「機能安全性」の原則が一つの保護作用を持ち，その保護作用が充足されている場合には，これらの原則は相互条件となる。システムに「理会性」が存在しない間は，「コントロール可能性」は確立できない。インプットデータとアウトプットデータの結果が照合されない間は，「理会性」は単独では役立たない。また「機能安全性」の原則は単独では有用性を持たないが，「理会性」と「コントロール可能性」によって達成される秩序の支えとして必要不可欠なものである。「任務の拘束性」の原則はGoBとGoDVの間を結びつけるものになる。

結　　論

　ドイツにおけるEDV会計の特に形式的要件に重点をおいた規制構造と情報理論を概観してきた。1967年に所得税実施準則においていわゆる「伝統的EDV会計」を税法上容認したのに引続き，1977年にはAOにおいてEDV会計そのものを容認する明文規定が設けられた。同時に，EDVの特性・特殊性を十分に考慮し形式的GoBが制度化された。1977年には時をほぼ同じくしてAOとHGBとの調整も実施され，1985年のHGBの改正でこの調整もより完全なものとなった。またその一方で，EDV会計に関する専門的見解も多数表明され，GoBへの適合性をより確実なものにし，日々進歩発展するEDVシステムを理論化するために新たな会計学説の構築が試みられている。

　これに対して，ドイツと同じく大陸法の体系に属するわが国では，EDV会計そのものを容認する明文の規定は存在しない。ただ，法人税の確定申告書に添付を課説当局が要求する「法人の事業概況説明書」の中で，法人の経理に関し電子計算機の使用状況を尋ねていること，ならびに，所得税・法人税等の申告にあたってEDVシステムを援用する申告書を適正に受理している等の事実からして，黙示的にはドイツの1977年AO改正以前のいわゆる「伝統的EDV会計」段階の容認はおこなわれているようである。

　わが国でも，EDV会計の制度的研究が現れ[27]，その結果EDV会計の規制化の必要性も認識されるようになってきた。しかし，伝統的な会計理論の枠組みをはみだすEDV会計が社会的合意制度として認識されるためには，EDV会計の規制化のための新しい会計理論が必要であるとともに，租税法および商法との関係を中心に据えた制度的研究の必要性がより重視されなければならない。

　1）川口八洲雄・石原肇・遠藤一久「現代の会計制度」『會計』第130巻第1号，87

第8章　ドイツ租税通則法および商法典におけるEDV会計と会計情報理論　149

　　～88頁。
2) 同，88頁。
3) 遠藤一久『現代の会計』森山書店，1991年，30頁。
4) 租税通則法および商法典の翻訳にあたっては，宮上・フレーリックス監修『現代ドイツ商法典』森山書店，1992年を参考にした。
5) 中西基「ドイツにおけるデータ処理の正規性」『大阪産業大学論集社会科学編』81号，1991年，「現代ドイツにおける情報会計理論」同83号1991年，「正規のデータ処理の諸原則」同85号，1991年。
6) Grundsatze ordnungsmassiger Speicherbufurung（GoS）1・2
7) 川口八洲雄「1997年商法典と租税基本法における帳簿記帳の諸規定の統一」『大阪産業大学論集社会科学編』81号，1991年，43頁。
8) 第146条1項の規定は，改正前の1865年RAOでは，第162条2項において「帳簿への記帳は連続して，完全に，かつ正確におこなわれなければならない」とされていた。「連続して」という用語が，「適正な時期にかつ整然と」という用語に置き替えられたわけである。「連続して」という用語は，現在から過去に遡かのぼることができるという意味で，「適正な時期にかつ整然と」という用語は，専門的知識を有する第三者が相当な期間内に帳簿記帳および企業の状態についての要覧を得る状態にあるように秩序が整っていて，かつ，取引はその発生および処理状況がたどれるように時系列順に記録されなければならないという意味をもつ。
9) わが国においても，原始入力データそれ自体を容易に変更できる会計処理システムが多いなかで，たとえば，TKCの会計処理システムでは一端入力された仕訳は事後それ自体を一切変更できず，データ変更は訂正仕訳の入力によってのみ可能となる。
10) 1965年RAOでは，「現用語および現用語の文字の使用」を要求していた（第162条2項）。
11) 1965年RAOは，諸帳簿，財産目録および貸借対照表を，1977年AOは，改正当初，諸帳簿およびその他の組識上の証拠書類を10年間保存することを要求していた。
12) EDV処理プロセスの理論的な記述書は次の領域を取扱わなければならない。
　　・テーマ設定
　　・データ入力の記述
　　・データ把握の規則
　　・コントロールを含むデータ処理の規則
　　・エラーの取扱
　　・データ出力の記述
　　・データの保全

・適正なプログラム適用の保証
13) たとえば，印刷に関する説明書，COMの説明書，EDVに記録された証拠書類を判読装置において選択および表示するためのダイアログコミュニケーションに関する説明書。
14) Leffson, Die Grundsätze ordnungsmaßiger Buchfürung, Düsseldorf 1980.
15) 帳簿記帳の遂行を委託されていない人物であって，簿記に十分な専門的知識を有する者のことをいう。たとえば，税理士，経済監査士，簿記のエキスパート，帳簿監査人，この領域で大学教官，商工会議所のスタッフ等をさす。(前掲，宮上，フレーリックス，4頁)
16) 近代的決算システム専門委員会は，これとは別に1979年FAMA「連邦データ保護法および年度決算書監査」を公表している。
17) Grundsätze für eine ordnungsmäßige Datenverarbeitung, 2. Auflage, Düsseldorf 1984., 3. völlig neubearbeitete und erweiterte Auflage, Düsseldorf 1989.
18) Schuppenhaur, 2. Auflage, a. a. O., S. 13.
19) Ebenda. S. 13.
20) Ebenda. S. 16.
21) GUIDE - Arbeitskreises
22) Schuppenhaur, 2. Auflage, a. a. O., S. 17.
23) Ebenda. S. 19.
24) Ebenda. S. 30.
25) Ebenda. S. 33.
26) Ebenda. S. 34 - 35.
27) 豊森照信『コンピュータ会計と税務』税務経理協会，1986年，飯塚　毅『正規の簿記の諸原則』森山書店，1983年，福浦幾巳「ドイツ商法・税法に基づく商業帳簿の記帳・保存義務規定」『税務会計の展望と課題』九州大学出版会，1992年，電子計算機会計委員会（日本公認会計士協会）の一連の研究報告等がある。

第9章　EC諸国における有限会社法の調整と債権者保護
自己持分の取得に関する規定を中心として

序　論

　EC諸国における株式会社法の調整については多くの議論がみられるが，有限会社法については機が熟していない様子である。しかしながら，有限会社法も株式会社法の場合と同様に，EC加盟国の法規制がそれぞれにおいて相違するということによるものではなく，EC諸国相互間の市場経済関係の緩和に内在する実際的必要性から調整されなければならない。

　今日，EC内で行なわれている株式会社法の調整の範例からみれば，有限会社法の調整の第一段階として取上げられるのは，第三者の利益の保護規定[1]，とりわけ，資本保護領域の調整である。資本は，株式会社や有限会社自身にとってだけでなく，会社債権者のための責任基金としての機能を果たす。たとえ，EC加盟国がそれぞれにおいて異なる会社法の法規制を有するとしても，会社資本が債権者にとって果たす役割というものは同一の見地からとらえることができるはずである。各国内法の調整の方法としては，債権者保護規定の調整を包括的な調整の第一歩と考えることができる。

　債権者保護の中心は会社資本の維持と保証である。すべての加盟国でまず考えられることは，資本不可侵の原則と結合された資本から社員への払戻の禁止

が確立されなければならないということである。この点についてみれば，各国内法規定上，広範な調整の一般的基盤がみられる。基本資本の危険は，社員に対する会社財産の払戻だけに存在するのではなく，経済的にみれば出資の払戻に等しい会社による自己持分の取得の場合にも認められる。会社自身による自己持分の取得の制限は，基本資本の保証の特別な問題である[2]。後述するように，この自己持分の取得上結びつく危険およびいかなる範囲で制限するかは，加盟国のそれぞれの国内法で異なる取扱いがみられるが，この法現象と結びつく基本資本の危険は，ある国では不十分で，あまりにも寛大な規制から過少評価される場合もある。しかし，すべてのEC加盟国での債権者保護を等しいものにするには，強力な法の統一化に至らないものとすれば，明確な最低限の要件を打立て，それに基づき，加盟国がそれぞれの国内法を形成する必要がある。そのためには，国内法により同等化される債権者保護規定および取引保護規定について，その利益が外国法制において十分に得られていることを国内企業が確信しなければならない。

第1節　有限会社の自己持分の取得誘因

　有限会社においては，その経済活動の要請から，自己持分を取得し，それを長期間保有し，さらにそれを再度譲渡するか，あるいは消却の方法でそれを排除すべき必然性がある。有限会社は，多くの理由から，自己持分を取得すべき利害関係を有している。

　まず，同族企業や中小企業では，部外者の参加は阻止されなければならない[3]。この場合，有限会社による自己持分取得の根拠は，会社により強力な影響力を取得させるための経営者の努力でもある。通例，有限会社の定款は，会社の持分取得の権利義務を定めている。

　つぎに，自己持分の取得が考えられるのは，社員の意見が相違する場合であ

って，当該社員が有限会社から脱退するときである。法律上，社員の退社権は規定されていない。西ドイツにおける判例や学説では，重大な事由が存在する場合には，このような退社権が認められるというのが一般的である[4]。けれども，この前提条件は，あくまで退社せんとする社員が会社から離脱すべき別の手段を有しない場合である。たとえば，営業持分の譲渡が考えられる。社員の退社は，当該社員の一方的な意思表示で足り，退社せんとする社員の営業持分からの社員権は中止し，その地位に代わって，会社に対し払戻請求権が発生する[5]。払戻の後，会社は任意に取得した営業持分を消却したり，あるいは第三者に譲渡することができる。もちろんドイツ有限会社法第30条では，この方法による持分の取得は，営業持分が全額払込まれていることを許容条件とする。

さらに，有限会社による自己持分の取得は社員の除名の場合にもありうるが，この法現象も，退社の場合と同様，法律上規定されていない。判例および学説は一致して，たとえ定款の定めがなくとも，重大な事由の存在する場合には，社員の意に反して会社から排除されるということである[6]。除名は社員決議と除名判決により行なわれる[7]。有限会社は，有限会社法第34条によりその営業持分の消却を義務づけられ，営業持分は社員の除名をもって何ら基本資本が変更されることなく消滅する[8]。かりに，営業持分が全額払込まれておらず，かつ，他の社員により払込が全額履行されないときには，これは消却されない。この場合，出資債権は消滅し，有限会社法第19条2項による禁止された出資債務の抹消となる。消却される持分が全額払込まれている限り，その持分の代償は基本資本を超えて存在する会社財産からのみ給付することが許されるにすぎない。また除名は，営業持分が直ちに持分の価額に相当する対価の支払で譲渡するという方法でも行なわれる[9]。

第2節 EC諸国における自己持分の取得に関する規定

1. 西ドイツ

(1) 有限会社法新草案における自己持分の取得に関する規定

　有限会社における自己持分の取得は，資本団体としての有限会社法からみれば会社組織に対する重大な侵害を意味する[10]。

　有限会社における自己持分の取得から生じる基本資本に対する危険は，すでに旧法においても立法者をしてその取得を制限的にのみ許容させていた。立法者の意図するものは，基本資本の充実と維持の保証である。1981年有限会社法一部改正法の主たる目的は債権者保護であって，連邦政府法律草案は，有限会社における自己持分の取得に関して新しく七つの項を設けた。その内容は，従属企業あるいは多数参加を受ける企業による自己持分の取得に関する規定に至る広範囲なものであった[11]。

　これに対して，連邦議会の法律委員会は批判の的となっていた政府草案を議決勧告により規制上最少限に削減した。そして，法律委員会草案は，有限会社法一部改正法として，連邦議会で承認された。新有限会社法は，相当な削減により，その実質的内容において政府草案に遠く及ぶものではない。政府草案では，有限会社法第33条[12]の規定は内容上・文言上株式会社における自己株式の取得に関して規定する株式法第71条[13]への模倣を意図されていた。しかしながら，有限会社法と異なる制度である株式法に固執するならば，自己持分の取得に関しては有限会社法と株式法を同置するという法律政策上の努力が示されるべきであった[14]。有限会社法第33条は，組織法から生じるものであって持分の取得の原則的許容から成立っており，株式法との関係からみれば原則と例外は逆になっている[15]。

　有限会社における自己持分の取得の前提条件は，持分が全額払込まれている

ことである。この限りで、有限会社法第33条1項は、「全額払込まれた」というよりはむしろ「全額給付された」持分という点において、文言上株式法第71条に合わせられているといえる。

　営業持分は、会社に取得されることによりその独立性を失うことはなく、むしろ現実の「所有権」を目的として社員の持分を取得する会社は営業持分の所有者となり、また、すでに他の自己持分を保有している場合には、この所有権を第三者に譲渡することも可能である[16]。さらに有限会社は、取得を許される営業持分が大量であっても、それを制限されることはない[17]。

　自己持分の質受に関する要件も有限会社法第33条1項で新たに規定された。質受は、持分が全額払込まれている場合に限り、取得と同様に許容される。

　株式会社では、会社もしくは従属企業もしくは多数参加を受ける企業が、または、その計算で第三者が自己株式を取得する場合、株式の券面総額は資本の100分の10を超えることは許されない。これに対して、有限会社法第33条1項は、一般に全額給付されていない持分の取得あるいは質受は禁止しているが、取得価額が基本資本の負担とならない限り取得のための上限を設けていない。会社は、払込が全額履行されている限り、任意に処分できる財産により自己持分を取得することができ、このような取引を防げるに十分な理由は存しない[18]。同様のことが無償取得および包括的権利継承による取得にもいえる[19]。なぜなら、この両方の場合とも財産が削減されるおそれがないからである。すなわち、有限会社法第33条1項は、この点で、総資本の確立したパーセンテージに基づいて自己株式の取得を制限するという株式法を範例としていない。

　払込が全額履行されていない持分の質受の場合にも、有限会社の基本資本には同様の危険が生じる。この質受される持分は、質権が実行される場合には会社に帰することとなり、払込が全額履行されていないことを考慮に入れると、基本資本に対する危険は取得のときと同様になる。それゆえ、法律上有限会社における自己持分の質受は取得と等しく取扱われる。

さらに有限会社法第33条2項によれば，取得代金が基本資本の総額を超えて存在する財産から支出される場合に限り，自己持分を取得することができる。会社の業務執行者が考慮しなければならないことは，取得に加えられた制限を超える場合，すなわち任意の財産から取得代金を払出ししない場合には，これは社員への出資の払戻を意味し，有限会社法第43条3項[20]により業務上の損害賠償義務を負うことである。

それ以外にも，有限会社における自己持分の取得は，社員平等の原則に違反する場合もありうる[21]。優遇される社員は共通の資本の危険から解放されるからである。自己株式の取得においても同様の問題が存在する。株式市場においてすべての株主に対し買戻の申出がなされない場合には，それは執行機関と親密な関係にある一部の株主に対しておこなわれる。政府草案に従っておれば，有限会社法第33条2項はこれらの危険に完全と対抗していたであろう。

また，有限会社法第33条2項に第2文が追加されたことにより，第1文の禁止が取得ではなく質受により回避されることを阻止している。有限会社法第33条は，株式法第71条とは異なり，有限会社における自己持分の取得を特定の場合だけに限定認許せず，むしろそのために任意に処分できる財産が存在するときには，自己持分の取得あるいは質受を許容している。

法律委員会は，有限会社の従属企業あるいは多数参加を受ける企業による会社の持分の取得に関する政府草案を削除した。なぜなら，取得の認容という点において，それは有限会社自身による自己持分の取得と同置されるからである。

有限会社法第33条2項3文は，債権法上の法律行為が無効であり，業務執行者には不当に取得した持分の返還義務が生じることを定めている。払込が全額履行されていない持分を会社が取得した場合には，会社は自ら債務者となるので混同により払込義務は消滅する[22]。譲渡人は，基本出資の割当分を全額給付しない間はいぜんとして営業持分の所有者であり[23]，一方，有限会社には不当

利得に対して返還請求権が帰属し，取得の無効は継続する[24]。しかし，有限会社の持分が全額払込まれることを条件として，債権契約を締結することが可能であり，条件が充足されることによって契約は有効となる[25]。

業務執行者は，有限会社に帰属する払戻請求権を譲渡人に対し履行できない場合，有限会社法第43条3項1文により損害賠償責任を負うが，その業務執行者が注意義務違反に問われる場合に限られる[26]。なお，業務執行者は社員決議に従って行動したことにより責任を免除されない。また，会社は，会社債権者への弁済のために賠償が必要である限り，会社に帰属する損害賠償請求権を放棄することはできない[27]。さらに，会社に対して持分を譲渡した社員は，その譲渡が民法第823条および826条に規定するところの法律行為の要件に該当する場合には賠償責任を負う[28]。

有限会社法第33条は，自己持分を所有する会社ならびに会社の計算でその持分を所有する第三者には，これらの自己持分からの権利は帰属しない旨定めていた政府草案第6項を含んでいない。なぜなら，会社には自己持分からの権利は何ら帰属しないことはすでに旧法においても周知のことで，この問題は緊急な規制を必要とするものではなかったからである。

会社の意思が業務執行者によって形成されることは適正ではない。業務執行者が恣意的に執行力ないし支配力を強め，その結果，社員は法律上・経済上の地位を侵害されることになるからである。自己持分の取得は，執行力を強化するために許されるべき手段ではない[29]。会社が自己持分を所有している間，議決権が中断していることについては異議はみられないが[30]，自己持分の処理から派生する財産権の取扱いに関する見解には相違がみられる。自己持分の取得の際に，利益配当請求権がすでに発生しておりそれが独立した債権である限り，会社の利益配当請求権は混同により消滅する[31]。しかし，利益配当請求権が中断するという有力な見解によると，会社が自己持分を所有してから配当請求権が発生する場合には，会社の利益配当請求権はまったく発生せず，年次利

益はあたかも自己持分には受取資格がないように分配される。それゆえ，この場合すでに混同という考え方は否定されている。混同とは，債権と債務がまず異なる人物に存在し，その後同一人物に集まることを前提とするからである[32)]。

要約すれば，自己持分の取得に関する新追加条項は何ら重要な改正をもたらすものではなく，その客観的内容は，法律効果および質受の包含という点からみて，本質的には旧法に相当するものである。結局，株式法第71条の株式法的規範へ修正を意図した連邦政府法律草案に応じて改正されたのは，有限会社法第33条2項における質受した自己持分の構成要件についてだけである。

(2) **有限会社における自己持分の取得の極端な事例**

西ドイツでは，出資が全額給付されかつ取得費用が任意の財産から支出される場合に限り，原則として，有限会社は自己持分を無制限に取得できること，ならびに有限会社の営業持分が自由に譲渡できることと関連して，最後の営業持分まで会社が取得できるか否かについて議論の余地が残されている。

ほとんどの場合，「無社員有限会社」の第一段階は一人有限会社である。そして，最後の社員の脱退により「無社員有限会社」の状態に至る。有限会社による最後の営業持分の取得は，法律行為，つまり売買，贈与あるいは交換により，または相続もしくは失権によりやむなく生じうると考えられよう[33)]。有限会社法第21条1項および2項[34)]に規定される失権とは，基本出資への払込を履行しなかった社員が，その営業持分とそれに帰属する権利を失い，さらに，すでに給付した出資についても失権が宣言されることである[35)]。

会社が自己持分を取得できる理由は周知のことである。また，一人有限会社において，例えば，その最後の社員が会社から脱退を望む場合には，その社員の所有する営業持分を会社が取得することも考えられる[36)]。西ドイツでは，「無社員有限会社」の認容問題に対する見解は多種多様である。

この法現象に対しては，最後の社員の脱退を導き，その結果，法律上不可能な効果を生じるので無効であるとする異議がみられる。また，たとえ一人有限

会社が法律上一般的に認められるとしても,「無社員有限会社」は,完全独立という形で会社に財産は存在していても,有限会社の「本質」に矛盾するともいわれている。「無社員有限会社」の認容に反対する主たる論拠は,自己持分に付随する議決権が行使できないので,このような組織はこれ以上法人活動を維持できないという点と意思形成できないという点である[37]。新業務執行者の選出も,ひいては以後の業務執行もまた不可能であろう[38]。

しかしながら,この点に関しては,会社の定款に別段の究めがない限り,裁判所による新業務執行者選任の余地が残されている[39]。

ドイツ法では,「無社員有限会社」の認容に関する議論は確かに「法人原理の一種の誇張」ではあるが,有限会社が取得という手段によらず有限会社法第21条に規定する失権等による最後の持分の入手であり,同時に新社員をどうしても見つけえない場合には,会社は持分を受取るしかないとされている[40]。

ところが,「無社員有限会社」の法形態を法律上有効とする論者の多くは,会社が最後の営業持分を取得することは適法であるとしながら,その保有が一時的なものでなく,むしろ,その状態を継続する場合には,すべての自己持分の保有は会社にとって解散の原因になるとしている[41]。

有限会社の特質は社団法人であるが,そのことが「無社員有限会社」と有限会社の諸原則との不一致を意味するものではない。有限会社が新社員の獲得に努めている場合には,「無社員有限会社」は有限会社法に矛盾しない。なぜなら,有限会社法の解散規定もまた具体化した「無社員有限会社」の維持について言及しているからである[42]。

有限会社がすべての営業持分をごく短期間だけ保有する,つまり,少なくとも一個の営業持分が妥当な期間内に新社員に受継がれる場合には,この法現象は会社の解散原因とならない。しかし,有限会社法は経過期間について何ら手がかりを示していないので,「無社員有限会社」の故意の継続を目的とするものだけは禁止されているといえる[43]。

2. フランス[44]

　フランスでは1966年に会社法が改正された。西ドイツとフランスは共にEC加盟国であり，両国の有限会社の間には，会社形態の法律上・経済上の構成において顕著な相違をみることはできない。それは自己持分の取得に関しても同様である。

　まず第一にあげることができるのは，フランス有限会社の営業持分が西ドイツにおけると同様に自由に譲渡できる点である。規定上会社の定款に別段の定めがない限り，社員間での譲渡は無制限にできるが，営業持分が第三者へ譲渡される場合には他の社員の同意を必要とする。このような方法は，西ドイツではたびたび定款で定められている。

　つぎに，相続による営業持分の取得に限り配偶者もしくは親族への移転も自由に行なえる。この点では，西ドイツに比較してよりきわだった営業持分の人的結合ならびに社員相互間の密接な関係が現われている。

　会社による自己持分の取得に関しては，フランス有限会社法第63条4項は明文でこれを禁止している。社員総会において減資決議をなした場合に限り，業務執行者は失効のために一定数の自己持分を取得する権限を有する。

　しかし，今後は，持分の買戻が任意に処分できる準備金もしくは利益より行なわれるかあるいはまた無償で生じる場合には，この法現象の許容は顧慮されるはずである。なぜなら，この場合には「資本不可侵」の原則に違反しないからである。

　フランス法では，一人有限会社は認容されていないが，譲渡あるいはその他の方法により一社員がすべての営業持分を入手したとしても，それにより会社は自動的に解散したものとみなされることはない。むしろ，一人会社は一年間存続し，その間に唯一の社員は新社員を確保しなければならず，この期間が効果なく経過した場合に初めて各利害関係人は会社の解散を請求できる。

3. ベ ル ギ ー

 ベルギーでは，有限会社は本質的に株式会社と同様の特性を示している。会社資本の重要性についても同じである。

 有限会社の法形態のために特別に設けられた商法典第1編9章6節の規定とならんで，株式会社とも共通する商法典の他の規定が有限会社に適用される。商法典は資本保護規制に関して特別な基準を設けており，株式会社による自己株式の取得の取扱いについて規定する第206条が有限会社に準用される。

 その結果，有限会社における自己持分の取得は，自己株式の取得の場合と同様，原則として許容されている。しかし，基本資本もしくは法定準備金の減少による買戻が生じる場合には，これは許されない。

 取得した自己持分の取扱いは，フランス法ならびにルクセンブルク法と同様，ベルギー有限会社法においても不明確である。これに関してLutter[45]は，自己持分は未だ入手していない持分の額面価額の引上げに基づいてあるいは正式の減少により，破棄されるべきとするフランス学説での有力説を支持している。

 ベルギーにおいては，有限会社による自己持分の取得は法律上議論すべき誘因をもたらさなかった。この背景には，ベルギー法の立法趣旨が，フランス法およびルクセンブルク法に比較して，より少数の社員に制限する会社を目的とされたことがある。

 ベルギーの立法者の考えによれば，有限会社は同族的企業であるべきであった。しかしながら，今日では，同族的企業だけでなく一般的にいろいろな種類の企業が有限会社の法形態を採用する傾向がみられる。

 いずれにせよ，有限会社における自己持分の取得は，会社の拘束財産より生じる場合には資本維持の原則に対立する。任意に処分できる財産による買戻以外には，この法現象は資本減少の目的から生じ，かつ，これと関連し自己持分が廃棄される場合にのみ許可される。さらに，有限会社による自己持分の取得

は，あらかじめ会社の定款においてこの可能性を定めているか，そうでなければ社員総会の承認があることを必要とする。また，自己株式の取得に相当する自己持分の取得は，社員への一般的な明示的方法でおこなわれる場合に限り許容される。なぜなら，EC加盟国のすべての有限会社法において一般的に認められている社員平等の原則に違反するからである。資本減少を原因とする取得のような場合に，会社は許容されない取得の取消を義務づけられているか否かは明確ではない。

　ベルギーでは，会社に対して自己持分の遅滞なき転売，あるいは回収かつ正式な廃棄が義務づけられている。そして，会社が自己持分を保有する間は，それから発生する財産権および議決権は中断し，このことはドイツで有力に主張されている見解と一致している。しかしながら，ベルギー法では，他のほとんどすべてのEC諸国の有限会社法と異なり，そしてまた西ドイツ有限会社法の発展と逆行して，「一人有限会社」は拒否されている。すべての営業持分が一社員に集中した場合には，それが法律行為に基づくものであろうと，あるいは権利継承によるものであろうと，会社はただちに解散することになる。

4. オランダ

　オランダでは，1968年まで，ドイツ有限会社ないしは他のEC諸国のこれに類似する法形態にあたる会社形態を必要としていなかった。しかし，EC第1指令の公表に端を発して，1970年6月有限会社法に関する法律草案が提出され，1971年6月29日に発効した。

　オランダへの有限会社制度の導入理由は，EC第1指令によって規定された絶対的な開示を回避することにあった。それゆえ，オランダ有限会社は，厳格性を緩和した開示義務と営業持分の自由譲渡性を制限することによって，株式会社と区別される。仮に，オランダ法およびフランス法における有限会社が法人であると一般に認められるとしても，オランダ有限会社は，フランス有限会

社同様，ドイツ有限会社よりいっそう際立った人的性格を示している。

　オランダ法は，株式会社の場合と同様に，有限会社についても「一般有限会社」と「大有限会社」を区分している。オランダにおける「大株式会社」および「大有限会社」とは，貸借対照表上の準備金の額を含む資本の額が2,000,000 Hfl.以上で，かつその会社あるいは過半数を支配する会社の一つが経営協議会を組織するかまたは100人以上の被用者を有するものをいう。

　オランダ法に有限会社が導入されたのは，一方では経済的必要からであり，他方，株式会社と有限会社を区別する他のEC加盟国法との調整が生じたからである。

　有限会社法は，オランダ商法典第1巻1部4節に組入れられており，自己持分の取得に関する第57条rには，株式会社における自己株式の取得について規定する第41条aを準用する旨を明らかにしている。それゆえ，有限会社では，株式会社におけると同様に，全額払込まれていない自己持分の買戻は禁止されている。なぜなら，会社へのかかる持分の譲渡にともない未回収の出資債権は消滅し，それによって基本資本はこの金額分だけ減少するからである。禁止規定に違反する取得行為は絶対的無効として扱われる。

　出資が全額給付されている場合，会社は，定款で定められた金額まで，自己の計算で有償取得することができる。しかし，当該取得の最高限度は，株式会社における場合と同様に，資本の100分の50と規定されている。この場合の違反も取得行為は無効とされ，善意の取得者に対するものといえども有効となしえない。

　オランダ法では，ドイツ法と同様に，設立時を除けば一人有限会社は許容されている。

5．ルクセンブルク

　1933年9月1日施行のルクセンブルク有限会社法は，フランス有限会社法な

らびにベルギー有限会社法草案にその源を発している。それゆえ，これらEC三ヵ国の有限会社法の間には顕著な類似性がみられる。

ルクセンブルク法では，ベルギー法におけると同様に，有限会社における自己持分の取得に関する規定は株式法を準用している。自己持分の取得は原則として禁止されているが，取得が基本資本を減少させない，つまり拘束される財産，特に会社資本に基づかない場合に限り許容される。しかしながら，自己持分の質受はいかなる場合にも禁止されている。

許容される，つまり無償であるか，あるいは会社の任意の財産から行なわれる限り，すべての社員が共同で自己持分の取得をなすことができ，代理権のある第三者もしくは会社自身が自己持分の取得に関する条件を充たす場合には，その者が同様に取得することもできる。

買戻価額は，最新年度3年間の貸借対照表から算出するが，会社の存続期間がこれに満たない場合には直近年度の貸借対照表より算出する。社員間で買戻価額の合意をみないときは，裁判所がこれを決定する。

拘束される自己資本からの勘定による自己持分の取得が禁止されることから明らかとなる出資の払戻禁止の原則の例外が減資の場合である。ただし，この場合には，総会で定款変更の決議がなされることを必要とする。

有限会社は，ベルギー有限会社法におけると同様に，営業持分の消却を目的とする再取得のときには，社員平等の原則を遵守しなければならない。

6. イタリア

イタリア有限会社法は，EC加盟国の中で最も厳格な自己持分の取得に関する規定を有している。1942年4月21日施行の民法第2483条は，有限会社における自己持分の取得あるいは質受を例外なく禁止している。これは株式法においても同様であり，このような規定の背後には，絶対的な資本維持と債権者保護の意図が存在する。

また，この規定の回避行為を阻止するために，会社の計算で第三者がおこなう持分の取得に該当するような法律行為も禁じている。

それにもかかわらず生じた再取得は，その法律行為を無効とする。

しかしながら，イタリアにおいても，他のEC諸国と同様に，会社が任意に処分できる財産から取得代金を拠出する場合には，自己持分の取得が顧慮されうるはずである。なぜなら，会社の基本資本が侵害されない場合には，この種の取引を禁止する明白な理由が存在しないからである。

7. デンマーク

デンマークは，1973年のEC加盟をひかえて初めて有限会社の法形態の採用を避けられない状況に至った。オランダと同様これを機会として，デンマークは，株式会社を唯一の資本会社形態とする北欧諸国の一元的制度から離れ，1971年に有限会社法を初めて公表した。そして，これと同時に新株式会社法も施行された。

デンマーク有限会社法は，その構造と用語において，新株式法を範例としている。このことは自己持分の取得の構成にもあてはまることである。デンマーク有限会社法第30条1項は，会社資本を維持するために，自己持分の取得を原則として禁止している。デンマーク法は，ドイツ法と同様に，自己持分の有償取得と質受に関する規定を第30条1項1文に同置している。禁止規定に違反する自己持分の取得あるいは質受の法律効果は，その法律行為の無効を意味し，善意の譲渡人に対するものといえども有効となしえない。この規定はオランダ法から取入れられたものである。

有限会社法第30条2項は，自己持分の取得が許容され，それとともに有効である場合を規定している。まず，現存する企業の引受が自己持分の取得を当然に伴う場合には，その取得は有効とされる。つぎに，株式会社が合併あるいは組織変更の枠内で買戻義務を負う場合には，その取得は許容される。

しかしながら，有限会社は許容されて取得した自己持分を不必要に長期間保有することは許されない。有限会社法第30条2項2文は，会社により取得された自己持分の譲渡が会社に損害をかけないで可能な場合，すなわち，その譲渡によって過度な財産損害が生じない場合には，ただちにかかる持分の譲渡を命令している。ただし，自己持分が企業引受の方法で取得される場合，第30条2項3文は，会社に対しその譲渡のために2年の期限を与えている。さもなくば，会社はかかる自己持分に相当する減資に基づき効力のないことを宣言しなければならない。

8. イギリス

イギリスにおいてドイツ有限会社に相当する会社形態は，有限責任私会社でとりわけ「免除会社」の特別形態を採るものをいう（以下「私会社」と略す）。

イギリス法は，私会社に対する特別法はもたず，すべての資本会社は1948年会社法に規定されている。

イギリスでは，私会社による自己持分の取得の問題は自己株式の取得と同じ法源をもち，資本維持の原則ならびに出資の払戻の禁止が私会社にも適用される。したがって，私会社もまた自己持分の取得を禁止されている。そして，この禁止規定の回避行為を阻止するために，確かに第三者が営業持分を取得するのではあるが，会社自身がその資金を拠出する場合も許されない。また，会社が，持分の所有者に対し，一般的経済活動による利益のみから配当金を支払うことも出資の払戻に相当するとして禁じられている。

会社による自己持分の取得を禁止する規定の背後に位置するものは，やはり，資本に対する危険の防止である。

9. アイルランド

アイルランド法では，公開会社と同じく私会社もまた1967年会社法において

基本的に規定されている。

　アイルランド会社法は，いくつかの部分的な相違点は存在するが，原則的に1948年イギリス会社法を範例としている。しかしながら，アイルランド法は，1967年イギリス改正会社法を踏襲しておらず，むしろ1972年アイルランドEC委員会法に基づくアイルランド私会社にとっては，1973年EC委員会指令が重要である。

　イギリスと同様にアイルランドにおいても登録済の会社数は異常に増加している。なぜなら，イギリス法圏の国々では，最も小さい経営体自身が資本会社の法形態を採用するからである。1972年には，アイルランド私会社の数は26,733社にも達し，それ以後も常に増加している。

　アイルランドでは，1963年会社法は，私会社による自己持分の取得に関する特別な規定を含まず，この問題は1948年会社法の原則に従って判断されている。したがって，この法現象にとっては，イギリス会社法における自己持分の取得について前述したことがあてはまる。アイルランド私会社は，原則的に自己持分を取得することはできず，第三者による持分の取得に対して資金を拠出することもできない。また，私会社に従属する企業は，親会社に資本参加することも禁じられている。

　自己持分の取得は，裁判所の許可がえられる場合で，かつ営業持分が全額払込まれており，その取得代金が一般的営業利益もしくは相当の準備金から拠出される場合に限り，例外として許容される。

　会社は，自己持分の取得をなしたときには，いかなる場合であっても，その公開義務を負い，会社登録簿でこれを公告しなければならない。

第3節　自己持分の取得に関する調整提案

1．株式法の有限会社への類推適用

　EC加盟国内で自己持分の取得に関する規定調整の最低要件として，自己株式の取得に関する規定ないし判例の類推を基盤に考えることは実際上不適切である[46]。というのは，今日のEC諸国の自己株式の取得に関する諸規定の相違は，国内法での自己持分の取得の法的取扱い以上に著しいからである。その限りで，自己持分の取得に株式法の規定を類推適用することは，法の調整という点からみれば何らの進歩も意味するものではない。

　また，自己株式の取得の法現象は，種々の理由から有限会社の自己持分のそれと直ちに同置することはできない。まず，ECのほとんどの加盟国では，有限会社は一定の範囲で人的な特性をもっており，それは歴史的に小企業ないし同族的企業から明らかとなるものであって，これらのために有限会社制度が創設されたのである。有限会社の形成形態は社員数を一定数に制限するのがその特色の一つであって，それらは自分達の有限会社の出来事については，株式会社の株主よりも密接不可分に結びついている。株式会社では，取引所での株式の売買により日々変わる株主，すなわち，大株主や小株主が広範囲に散在する事実は，債権者保護および取引保護の危険を惹起する。自己株式ないし自己持分の取得から生じる資本の危険に関してみれば，この危険は株式会社および有限会社で同じく，会社資本の減少にある。この危険性は有限会社よりも株式会社における方が顕著であり，とりわけ，企業にとって好ましくない時期に自己株式の買戻により取引所の相場を人為的に繰作し，会社の真の経済状況での取引を欺き，さらには，この種の取引にあたり，会社債権者から相当の範囲で責任基盤を奪うことになり，また会社自身にとっても必要な営業財産を失うことになる。

他方，このうち有限会社では，相場操作の誘因はない。有限会社には，株式相場に相当するバロメーターはない。このことは，外部に対して会社の経済状況を示す必要性がない，あるいは，自己持分の取得にあたり，その取引が詐かれる余地がないことを意味する。したがって，EC内での法の調整の最低要件を明らかにするにあたって，この点については，株式法におけるよりも寛大に形成されよう。また，これにつき，有限会社では，自己持分の取得により会社の利益が危険にさらされることはない。というのは，EC諸国では，定款あるいは法律によって，社員がもっぱら有限会社の持分の譲渡につき決定をなしうると定められているからである。しかしながら，それでもなお，有限会社には，会社の基本資本から行なわれる自己持分の取得あるいは社員の決議に帰せしめられる自己持分の取得にあたり，いかなる範囲で結合財産が自己持分の取得のために費消され，もはや責任基金として用立てられなくなったことを知らない会社債権者の危険は存在する。

2．自己持分の取得に関する規制のための調整提案

以下において，EC諸国での有限会社ないしはそれに相当する会社形態における自己持分の取得に関する規定の調整にとっての最低要件について考察する。これは，おおむね1981年の西ドイツ有限会社法における法規制を模範とするものである。

まず，自己持分の取得の規制原則はつぎのように規定することができる。

(1) 会社は自己の営業持分を取得することができる。ただし，取得が基本資本の財産から行なわれる場合はこの限りではない。

基本資本を何ら害さない無償による自己持分の取得が考えられる。これは何ら会社の財産を削減するものではない。これ以外に，会社に拘束されない財

産，たとえば，利益，任意の準備金およびその他の剰余金をもって資金調達する自己持分の取得がある。

会社がたとえ任意の財産からであろうと，出資が完全に払込まれていない営業持分を取得するならば，会社は混同によって出資債権の消滅をきたすことになる。すなわち，未だ発生していない出資の部分につき債務者となる。会社財産に生ずるこのような損失は，取得が基本資本に関係ないとしても，いかなる場合にも認めるべきではない。というのは，会社が別の方法で利用しょうとした営業資本が会社から奪われるからである。

この原則はつぎのように補足されるべきである。

(2) 出資が全額払込まれていない場合には，会社は自己持分を取得することができない。

EC諸国の有限会社法は，西ドイツ法を除いて，全額払込まれた営業持分とそうでない持分を区別しておらず，包括的に自己持分の取得についてだけ規定を設けているにすぎない。前述の危険という観点からすれば，西ドイツ法によるごとく区別した規制が必要である。

全額給付された出資および会社の任意の財産からの取得代金の支払のほかに，会社の自己持分の取得に関して，その他の厳格な要件は必要ではない。また，株式会社による自己株式の取得につき西ドイツ株式法で定める名目的な最高限度も必要ではない。

ところで，有限会社法において，株式法におけるよりも自己持分の取得の前提条件を寛大に形成することが正当視されるとすれば，拠出された資本の保証のためには，従来EC諸国で全く存在しなかったような禁止された自己持分の取得の法的効果を厳格かつ明確に表示する必要がある。このような背景には，会社の拘束財産から引出される取得代金ないしは完全に払込まれていない持分

に支払われる代金が会社に逆流することを保証する必要性が存在するからである。これについては、西ドイツ法をみれば、禁止されている方法で締結した売買契約は無効とされ、不正になされた給付の払込についての受領者の義務が生ずるのである。会社の取得価額の返還請求権は、基本資本からこれが引出された場合、持分の譲渡人が善意のときといえども生ずることにする。この厳格な処置は、基本資本不可侵の原則から示される。譲渡社員の善意には、現在および将来の会社債権者のための担保基金に対する絶対的な優位は認められない。債権法上の契約についてみられる自己持分の禁止された取得の無効の効果は、また物権法の取得行為にも妥当する。基本資本の財産からの自己持分の取得あるいはまだ全額払込まれていない持分の取得の場合、実際上、前述の原則に相当する規定の適用は、結果的に、譲渡した社員は依然として持分の所有者であり、会社には取得価額の返還請求権が帰属し、さらに、社員は基本出資の未給付につき責任を負うことになる。

　禁止された取得の法的効果はつぎのように具体的に規定される。

(3)　出資が全額払込まれていない自己持分の取得は無効とする。基本資本からなされる自己持分の取得もまた同じ。

　会社が社員に対して有する債権のためにその持分に質権を設定した場合、その質権が実行されるときには、会社は、禁止された自己持分の取得の場合と同様に、基本資本に対する損失を甘受することがありうる。
　したがって、同様の危険状況につき会社による自己持分の取得についての前提条件と質受のそれとを同置する必要がある。それゆえ、規定はつぎのごとく明示されよう。

(4)　会社は、自己持分を取得することが許される条件で自己持分を質受する

とこができる。

　ほとんどのEC加盟国法では，株式法におけると同様，自己持分からは議決権，配当請求権およびその他の権利は会社に帰属しない。この種の規定を認めることも意義のあることである。

　(5)　会社には，自己持分から何らの権利も帰属しない。

　有限会社が他の企業の支配会社であるか，あるいは多数参加しているときは，有限会社自ら自己持分を取得するのではなく，有限会社の計算で子会社あるいは第三者によりこれを取得させることができる。このような回避行為を防止するために，会社自身による自己持分の取得と従属企業あるいは多数参加を受ける企業によるそれを同置する必要がある。

　EC内で株式法上この種の法現象について法規定を有するのは，西ドイツおよびデンマークである。1981年有限会社法一部改正法では，この種の規定を採用しなかった。政府草案の段階では規定されていたが，連邦議会の法律委員会の決議勧告により導入は見送りとなった。その理由は，有限会社では株式会社におけるごとくこの種の危険は大なるものではないということである。たとえ，個々の場合にしか危険が存在しないとしても，かりにこの種の危険を防止せんとするならば，有限会社自身による自己持分の取得あるいは質受と従属企業あるいは多数参加を受ける企業によるそれを同置する必要があろう。

　(6)　会社の従属企業あるいはその多数参加を受ける企業は，当該会社の自己持分を取得あるいは質受することができる。ただし，取得あるいは質受が会社自身にとって許されていない場合はこの限りではない。

結　論

　有限会社自身あるいは結合企業による自己持分の取得あるいは質受に関する前述の提案により，この法現象から生ずる諸問題ことに，これと結びつく会社の資本保護についての危険は必要かつ十分な範囲で規制されることになろう。たしかに，ドイツ株式法第71条以下における自己株式の取得に関する規制の模倣がみられる。しかし，この規制は，資本会社による自己持分（社員権）の取得がもたらす法的効果すべてに妥当するものではない。つまり，株式法第71条以下では，債権法上の法律行為の無効は必ずしも物権法上の行為の無効をきたすものではないが，先に提案した有限会社法上の規定によれば，禁止された自己持分の取得は債権法上の基本行為と物権法上の履行行為双方の無効を招来するのである。

　ある程度株式会社と有限会社で等しい規制を設けることは，EC加盟国の立場からみれば必要のように思われる。ドイツ以外の国では，株式会社と有限会社の構造上の類似性が顕著であって，有限会社に関する規定は相当程度において株式法に依存している。ことにオランダやイタリアではそうである。また，イギリス法系の国では，株式会社と有限会社の自己持分の取得の等しい規制がみられる。

　EC内で自己持分の取得の規制調整のためになした最低要件は，個々の加盟国にとり，国内でこの法現象につき寛大な取扱いをしているところではたいして大きな意味はなく，提案された方法での規制は，債権者保護，ひいては会社自身のためのものとなろう。他方，EC加盟国に前述の諸原則の最低要件の受入れを容易にするため，自己持分の取得ないし質受につき明確かつ詳細になされた許容条件を定める諸規定を放棄することは回避されるべきであろう。

　ところで，わが国では現在，法制審議会商法部会において，昭和56年の株式

会社法改正に引続き,「最低資本金制度および大小会社の区分」を中心とする次期商法改正作業にとりかかっている。

わが国の株式会社および有限会社の現状は,その大多数を小規模・閉鎖会社が占めており,このことは周知の事実である。現行法の下にあって,これら小規模・閉鎖会社には数多くの問題が内在している。まず,対外部の問題としてあげることができるのは,債権者の保護であり,つぎに,対内部の問題としては,少数株主あるいは少数社員の保護である。次期商法改正においても,小規模・閉鎖会社立法に向けては,最低資本金や設立手続・機構の簡略化ばかりでなく,株主・社員の投下資本の回収方法,債権者保護などの問題も検討しなければならない[47]。特に,小規模・閉鎖会社を対象とする場合の基本的態度としては,企業実態の本質的相違から導かれた合理的な立法の追求でなければならず,ややもすると,従来採られていた大規模公開会社の規定の緩和という形に堕してはならない[48]。

小規模・閉鎖会社のための会社法改正をなすにあたって,閉鎖会社の株主（社員）に,株式（持分）の買取請求権を認めることにより,投下資本の回収を保障するのが妥当であるとする提言がみられる[49]。これは,現行法の下にあっては,閉鎖会社の少数派株主あるいは少数派社員の法的立場が非常に弱いものでしかないことに起因するものである。西ドイツ有限会社では,本章第3節で示したように,社員の退社権が判例・学説において一般に認められている。我国においても,将来,小規模・閉鎖会社において,その実際的経済活動の要請から,株主（社員）に,株式（持分）の買取請求権あるいは脱退権を認めるとするならば,自己株式（自己持分）の取得の認容は避けられないものとなる。また,会社による自己株式（自己持分）の取得の認容は,「資本維持の原則」に違反する,すなわち,会社資本の空洞化を導く危険性が存在することも考えられる。しかしながら,EC加盟国内における自己持分の取得に関する調整提案で述べたように,会社資本に対する危険を排除するために必要かつ十分な最低

要件を規定し，その上，禁止された自己株式（持分）の法律効果を厳格に規定することにより，基本的な問題は解決されるはずである。

1) GmbH-Kongreß, Harmonisierung des Gesellschafts und Steuerrung der GmbH im Europa, 1962, S. 106.
2) A. a. O., S. 45.
3) Winker, Der Erwerb eigener Geshäftsanteile durch die GmbH, GmbH-Rdsch, 1972, S. 73.
4) Hachenburg-Ulmer, Kommentar zum Gesetz betreffend die GmbH, 1979, Anhang zu S. 34, Rdz. 47.
5) A. a. O., Rdz. 52.
6) A. a. O., Rdz. 34 ; RG 2 114, 213 ; BGH 2 9, 157.
7) BGH 2 9, 157（S. 166）; 16 317（S. 322）.
8) BGH 2 9, 157（S. 168）.
9) A. a. O., S. 169.
10) Wiedemann, Gesellschaftsrecht, Band I, 1980, S. 563.
11) Ruhwedel, Die GmbH-Ein Überblick nach dem Stand vom 1. 1. 1981, WStH,（Die Wirtschafts-und Steuerhefte）Nr. 18 1980, Abt. 22, S. 61.
12) ドイツ有限会社法第33条〔自己持分の取得〕
   (1) 会社は出資が全額給付されていない自己持分を取得また質受することができない。
   (2) 会社は，その取得が基本資本額を超えて存在する財産からなされうる場合にのみ，出資が全額給付された自己持分を取得することができる。自己持分の質受により担保された債権の総額，または質受した持分の価額が低価である場合にこの金額が基本資本を超えて存在する財産よりも高くない限りでのみ，会社はこの持分を質受することができる。第1文および第2文違反は，持分の取得または質受を無効としない。しかし，禁止違反の取得または質受に関する債権法上の行為はこれを無効とする。（増田政章他「改正西ドイツ有限会社法1980年」『比較法政』第18号参照）
13) ドイツ株式法第71条〔自己株式の取得〕
   (1) 会社は，次の場合に限り，自己株式を取得することができる。
      ① 会社の重大な損害を避けるためその取得が必要なるとき，
      ② 株式が会社の従業員に取得のため提供されるべきとき，
      ③ 第305条2項または第320条5項により株主に払戻すため取得が行なわれるとき，
      ④ 株式に対し券面額またはそれより高い発行価額が全額給付されており，か

つ，その取得が無償で行なわれ，または会社がその取得をもって買入取次を実行するとき，
- ⑤ 包括的権利継承によるとき，または，
- ⑥ 資本の減少に関する規定による消却についての総会の決議に基づくとき。ただし，第1号ないし第3号による目的で取得された株式の券面総額は，会社もしくは従属企業もしくは多数参加を受ける企業が，または，会社もしくは従属企業もしくは多数参加を受ける企業の計算でその他の者が，同一の目的ですでに取得し，なお保有している会社の他の株式の額と合せて，資本の100分の10を超えることはできない。

(2) 第1項に対する違反は，その株式に対し，券面額またはそれより高い発行価額が未だ全額給付されていないときに限り，自己株式の取得を無効ならしめる。自己株式の取得に関する債権法上の行為は，その取得が第1項に違反する限り，無効である。

(3) 自己株式が質物として受けられるときは，自己株式の取得に同じ。ただし，信用機関は，第1項2文に定めた券面総額までは自己株式を質物として受けることができる。その株式は，第1項1号ないし3号による目的で質物として受けた株式に加算される。

(4) 第1項1号ないし5号，第3項2文により支配会社または多数参加をする会社に，それが許されている限度でのみ，従属企業は支配会社の株式を，多数参加を受ける企業はそれに多数参加をする会社の株式を取得し，または質物として受けることができる。第1文に対する違反は，株式の取得または質受を無効ならしめない。ただし，禁止違反の取得または質受に関する債権法上の行為は無効である。

(5) 会社または従属企業もしくは多数参加を受ける企業とその他の者との間の法律行為であって，その他人に会社または従属企業もしくは多数参加を受ける企業の計算で会社の自己株式を取得し，または，質物として受けるべき権利を与えまたは義務を負わしむべきものは，会社または従属企業もしくは多数参加を受ける企業による株式の取得または質受が，だい1項，3項および4項に違反する限り無効である。

(6) 自己株式により，会社に権利は帰属しない。会社の計算で他人に所属する株式につきまた同じ。(慶應義塾大学商法研究会訳『西独株式法』慶應義塾大学法学研究会，昭和49年参照。)

14) Ziebe, Der Erwerb eigener Aktien und eigener GmbH-Geshäftsanteile in den Staaten der Europäischen Gemeinschaft, 1982, S. 139.
15) Winkler, a. a. O., S. 73.
16) Beuck, Erwerb eigener Anteil, GmbH-Rdsch. 1961, S. 123; Winkler, a. a. O., S. 77.

17) Buchwald, Der eigener Anteil der GmbH, GmbH-Rdsch. 1958, S. 171 ; Winkler, a. a. O., S. 77.
18) Unger, Der Erwerb eigener Geschäftsanteil durch GmbH, 1925, S. 22.
19) Wiedermann, a. a. O., S. 564.
20) 有限会社法第43条〔業務執行者の責任〕
 (3) 特に第30条の規定に違反して基本資本の維持のため必要な会社財産から支払いをなし，または，第33条の規定に違反して会社の自己持分を取得したときは，業務執行者は，その賠償義務を負う。この賠償請求権には第9条b第1項の規定を準用する。賠償が会社債権者の弁済のため必要である限り，業務執行者は社員の決議に従って行動したことにより，業務執行者の義務は免除されない。(前掲「改正西ドイツ有限会社法1980年」参照。)
21) Verhoeven, GmbH-Konzernrecht : Der Erwerb von Anteilen der Obergesellschaft, GmbH-Rdsch. 1977, S. 53.
22) Hachenburg-Hohner, § 33 Anm. 3, S. 53.
23) Lutter, Die GmbH-Novelle und ihre Bedeutung für die GmbH, die GmbH & KG und Aktiengesellschaft, DB 1980, S. 1322.
24) Sudhoff, Der Gesellschaftsvertrag der GmbH, 1978, S. 321.
25) Ziebe, a. a. O., S. 143.
26) Sudhoff, a. a. O., S. 322.
27) Winkler, a. a. O., S. 78.
28) Unger, a. a. O., S. 23.
29) Winkler, a. a. O., S. 79.
30) Hösel, Eigener Gesellschäftsanteile der GmbH, DnotZ 1958, S. 9 ; Buchwald, a. a. O., S. 173 ; Winkler, a. a. O., S. 79.
31) Hösel, a. a. O., S. 8.
32) Winkler, a. a. O., S. 78.
33) Ziebe, a. a. O., S. 146.
34) 有限会社法第21条〔失権〕
 (1) 遅滞払込の場合，延滞社員に対して，除斥してその払込をしなければならない持分を失わせる旨の予告を付して一定の猶予期間内に払込をしなければならない旨新たな払込催告を発することができる。催告は書留郵便の方法によりこれをなす。猶予期間は1月を下ることはできない。
 (2) 期間が払込なく経過した後には，延滞社員に対し，その持分およびすでに給付した部分の払込額を会社のために，失権が宣言される。失権宣言は書留郵便の方法によりこれをなす。(前掲「改正西ドイツ有限会社法1980年」参照。)
35) Paulick, Die GmbH ohne Gesellschafter, 1979, S. 9.

36) A. a. O., S. 21.
37) Winkler, a. a. O., S. 77.
38) Buchwald, a. a. O., S. 171.
39) Hachenburg-Hohner, a. a. O., §33 Anm. 58.
40) Hachenburg, Zum Erwerb eigener Geschäftsanteile durch die GmbH, Festschrift für Georg Cohn, 1915, S. 89.
41) Sudhoff, a. a. O., S. 323.
42) Paulick, a. a. O., S. 92.
43) A. a. O., S. 92.
44) フランス以下の国々にいついては次の文献を主に参考とした。Behrens, Die GmbH im internationalen und ausländischen Recht, 1976. Ziebe, Erwerb eigener GmbH-Geschäftsanteile in den Staaten der EG, GmbH-Rdsch. 2/1983.
45) Lutter, Kapital, Sicherung der Kapitalaufbringung und Kapitalerhaltung in den Aktien-und GmbH Rechten der EWG, 1964, S. 447.
46) GmbH-Kongre, a. a. O., S. 46.
47) 日本私法学会シンポジウム資料，北沢正啓「小規模・閉鎖会社の立法—序説—」『商事法務』，昭和58年983号，259頁。
48) 前掲資料，志村治美「小規模・閉鎖会社の設立」，259頁。
49) 前掲資料，浜田道代「閉鎖会社における投下資本の回収と閉鎖性の維持」，263頁。

第10章　国際課税と課税権

序　　論

　近年，企業の国際的経済活動の重要性が高まり，人・財・資本・技術・サービス等のボーダレス化がますます進んでいる[1]。この結果，国際的経済活動をおこなう企業に対する課税，すなわち国際課税に関してさまざまな問題が提起されてきた。国際課税の問題は，課税権の主体が単一ではないところにその本質が存在する。国際法の立場にたてば，課税権は国家の主権に属する問題である。したがって，課税権については，いずれの国も自由にこれを決定する権限を有し，これを一般には，租税高権という。しかしながら，それぞれの国が自由に自国の都合で課税をおこなえば，国際的二重課税の問題を中心に，タックス・ヘイブンの利用による国際的租税回避の問題，ユニタリー・タックス（合算課税）やトランスファー・プライシング（国際的移転価格）などの税金摩擦の問題等が発生する。これらの問題解決のために，わが国を初め多くの国は租税条約[2]により課税権の調整を図るとともに，所得税法，法人税法に関し国内立法措置をおこなってきた[3]。

　本章では，法人税法を中心に企業の国際的経済活動に対するわが国の課税権について考察するものである。

なお，本文中の主な法令・通達は，次の略語を用いた。

法	法人税法
令	法人税法施行令
措法	租税特別措置法
措令	租税特別措置法施行令
所	所得税法施行令
基通	法人税法基本通達

第1節　内国法人と外国法人

　内国法人と外国法人を区分するための基準は，大きく「管理支配地主義」，「設立準拠法主義」，「本店所在地主義」の三つに分かれる。

　法人税法第2条は用語の意義を定義するが，第3号から8号で，「内国法人」，「外国法人」，「公益法人」，「公益法人等」，「協同組合等」および「人格のない社団等」について定めている。ここでは，「内国法人」と「外国法人」の定義が特に重要である。

　法人税法では，内国法人を国内に本店又は主たる事務所を有する法人（法2Ⅲ），外国法人を内国法人以外の法人（法2Ⅳ）と規定し，内外法人の区別の基準として「本店所在地主義」をとる。従って，内国法人は，国内源泉所得と国外源泉所得を問わず，全世界所得に対して納税義務を負う無制限納税義務者である。これに対して，外国法人は，国内源泉所得を有するときに納税義務を負う制限納税義務者である。

　しかし，法人税法のとる「本店所在地主義」は，商法第54条2項および有限会社法第4条に規定する「会社ノ住所ハ其本店ノ所在地ニ在ルモノトス」ならびに民法第50条に規定する「法人ノ住所ハ其主タル事務所ノ所在地ニ在ルモノトス」を表すにすぎず，民商法上通説・判例（大審院判決大正7年12月16日，民

録24輯2326頁）が設立準拠法主義をとることからみても、「本店所在地主義」と「設立準拠法主義」は、通常は大きく相違するものではない。

ただ、わが国が締結した租税条約をみると、たとえば日米間では、2条1項(e)、(i)、(ii)でアメリカは「設立準拠法主義」をとり、日本は「本店所在地主義」をとる。この場合は、二重居住法人となることがある。また、「設立準拠法主義」や「本店所在地主義」をとる国と「管理支配地主義」をとる国の間にも、二重居住法人の問題が生じる。このような場合には居住関係の調整が必要となってくる。

第2節　内国法人に対する課税

1．国際的二重課税の排除

国際的な二重課税を排除するための代表的な方法には、国外所得免除方式、外国税額控除方式、外国税額損金算入方式の三つがある。

国外所得免除方式は、所得自体に着目し、国外所得が外国で課税される場合には自国では課税しないとするものである。この方式を採用しているのは、パナマなどタックス・ヘイブンの一部の国に限られている[4]。

外国税額控除方式は、外国へ納付した税額に着目し、その税額を自国において納付すべき税額から控除するものである。もっとも一般的な方法で、多くの国で採用されており、わが国においても1953年の改正で導入された（法69）。

外国税額損金算入方式は、やはり外国へ納付した税額に着目し、その税額を自国において損金に算入するものである。わが国では、税額控除方式の導入前から採用されている（法41）が、いずれかの方式を選択しなければならない。通常は税額控除方式を利用したほうが納税者にとって有利であるため、一般に税額控除方式が用いられている[5]。

なお、OECD租税モデル条約ならびに国連租税モデル条約はともに第23条B

において，国際的二重課税の排除方法として，国外所得免除方式と外国税額控除方式の二つをあげている。

2．外国税額控除の概要

(1) 外国税額の控除

内国法人が各事業年度において外国法人税を納付することとなる場合には，当該事業年度の内国法人の所得の金額につき「各事業年度の所得に対する法人税の税率」を適用して計算した金額のうち「控除限度額」を限度として，その所得に対する負担が高率な部分の金額を除いた「控除対象外国法人税額」を当該事業年度の所得に対する法人税の額から控除することができる（法69①，措法67の2④）。

(2) 外国法人税の範囲

外国税額の控除の対象となる外国法人税額は，外国の法令に基づき外国またはその地方公共団体により法人の所得を課税標準として課される税（令141①）のほか，超過所得税，超過利潤税，所得またはその特定の部分を課税標準として課される付加税，所得に代えて収入金額等を課税標準として課せられる税，利子・配当等に対する源泉税が含まれる（令141②）。ただし，外国法人税に附帯して課される附帯税その他これに類する税は，外国法人税に含まれない（令141③）。控除の対象となる外国法人税額においては，「法人の所得」という概念が重要である。

(3) 控除対象外国法人税額とされないもの

内国法人が納付することとなる外国法人税のうち当該外国法人を課す国または地域において当該外国法人税の課税標準額に100分の50を乗じて計算した金額を超える部分は，「所得に対する負担が高率な部分の金額」として，控除の対象から除外されている（令142の3①）。ただし，「所得に対する負担が高率な部分の金額」があるかどうかは，一つの外国法人税ごとに，かつ，当該外国法

人税の課税標準とされる金額ごとに判定される（基通16-3-18）。

また，利子等の収入金額を課税標準として課される外国法人税については，当該法人税額のうち利子等の収入金の100分の10を超える部分[6]は，「所得に対する負担が高率な部分」の金額として，控除の対象から除外されている（令142の3②）。

外国法人税から「所得に対する負担が高率な部分の金額」を除いたものが「控除対象外国法人税額」となる。「所得に対する負担が高率な部分の金額」は，法人所得の計算上損金に算入される。

(4) 控除限界の計算

外国税額の控除限度額は，内国法人の各事業年度の所得に対する法人税の額[7]に，当該事業年度の所得金額[8]のうち「当該事業年度の国外所得金額」[9]の占める割合を乗じて計算した金額である（令142①）。

$$\text{内国法人の各事業年度の所得に対する法人税の額} \times \frac{\text{当該事業年度の国外所得金額}}{\text{当該事業年度の所得金額}}$$

ただし，当該事業年度の国外所得金額は，当該事業年度の所得金額の100分の90または当該事業年度の所得金額に当該内国法人に対する国外事業所等の使用人割合を乗じて計算した金額のいずれか大きい金額をもって限度とされている（令142③）。

(5) 国外事業所等

国外事業所等とは，わが国が租税条約を締結している相手国にある租税条約に定めている恒久的施設（PE），および，その他の国または地域にある支店・工場等，1年を超えておこなわれる建設作業等，代理人等に相当するものとされている（令142⑧，法141Ⅰ，Ⅱ，Ⅲ，令185，186）。

(6) 共通費用の配賦

国内源泉所得と国外源泉所得との共通費用,販売費,一般管理費等のうち共通費用,共通利子等は合理的な基準に従って両者に配分するものとされている(令142⑥,基通16-3-11～16-3-19)。

(7) 間接納付された外国法人税の控除

内国法人が国外の子会社である外国子会社から配当または剰余金を受けた場合は,当該外国子会社の所得に対し課された外国法人税額のうちかかる配当等に対応する金額すなわち間接納付外国法人税額を,内国法人が納付した外国法人税額とみなし,外国税額控除の対象としている(法69④)。これを一般に間接外国法人税額控除という。

ここにいう「外国子会社」に該当するには,持分比率とその所有期間の二つの要件を満たさなければならない。

すなわち,外国法人の発行済株式の総数もしくは出資金額の100分の25以上に相当する数もしくは金額の株式もしくは出資が内国法人によって所有されること,または,外国法人の発効済株式のうち議決権のある株式の総数の100分の25以上に相当する数の株式が内国法人によって所有されること。同時に,かかる所有は,その内国法人が交付を受ける配当等の支払が確定する日以前6ケ月以上引続いていること(令146)。

ただし,持分比率につき租税条約に異なる定めのあるときは,憲法第98条2項の趣旨から明らかなように形式的効力は法律のほうが劣るので,条約の定めが優先する。

また,間接外国法人税額控除の通用を受ける場合には,間接納付法人税額は,内国法人の事業年度の所得の金額の計算上益金に算入される(法28,令27)。

また,平成4年度税制改正により,外国孫会社から外国子会社に配当が支払われ,更にその外国子会社から日本の親会社に配当が支払われた場合,その配

当に係る二重課税を排除するため，孫会社の支払った法人税のうち親会社の受取配当に対応する部分を親会社が支払ったものとみなして日本の法人税から控除されることとなった（平成4年4月1日以後に外国子会社から受ける配当等の額に係る外国孫会社の所得に対して課される外国法人税について適用される。）。

(8) みなし外国税額控除

発展途上国との間で租税条約が締結されている場合に，発展途上国の租税上の優偶措置の結果として軽減免除された税額を，当該発展途上国に納付した税額とみなして，外国税額控除の対象としている。これをみなし外国税額控除（タックス・スペアリング・クレジット）という。みなし外国税額控除は，直接外国法人税税額控除にも間接外国法人税税額控除にも認められる。

第3節　外国法人に対する課税

外国法人とは国内に本店または主たる事務所を有する法人以外の法人であることはすでに述べたとおりである。外国法人は，わが国の国内[10]に源泉のある所得（国内源泉所得）を有するとき納税義務を負い（法4②），当該外国法人が「恒久的施設（PE）」を有するか否か，またPEを有する場合にはそのPEの種類により，外国法人を区別し課税の範囲が異なる（法9）。

ここでは，「国内源泉所得」と「PEによる外国法人の区分」，「課税の範囲」が重要となる。

1．国内源泉所得

法人税法第138条は第1号から11号まで，11種類の所得を国内源泉所得として規定している。

・1号所得　　国内の事業または国内にある資産の運用・保有・譲渡から生じる所得（2号から11号に該当するものを除く）（令176，177，

178）

- ・2号所得　国内における人的役務の提供より生じる所得（令179）
- ・3号所得　国内にある不動産等の貸付から生じる所得
- ・4号所得　日本の公債および内国法人の発行する債権の利子，国内にある営業所に預入れられた預貯金の利子等
- ・5号所得　内国法人から受ける配当等
- ・6号所得　国内で業務をおこなう者に対する貸付金の利子（令180）
- ・7号所得　国内において業務をおこなう者から受ける工業所有権等の使用料またはその譲渡による対価（令181）
- ・8号所得　国内においておこなう事業の広告宣伝のための賞金（令182）
- ・9号所得　国内にある営業所または契約代理人を通じて締結した生命保険その他の年金契約に基づいて受ける年金（令183）
- ・10号所得　定期積立金その他の一定の金融商品の利益または差益等
- ・11号所得　国内において事業をおこなう者に対する出資につき匿名組合契約に基づいて受ける利益の分配（令184）

2．PEによる外国法人の区分

　法人税法第141条は，第1号から4号で外国法人をPEの有無とその種類により次の四つに区分している．

- ・1号法人　国内に支店・工場その他事業をおこなう一定の場所（1号PE）を有する外国法人（令185号参照）
- ・2号法人　国内において建設作業等（2号PE）を1年を超えておこなう外国法人で1号法人に該当しないもの（令186）
- ・3号法人　国内に代理人等（3号PE）を置く外国法人
- ・4号法人　1号から3号のいずれにも該当しない外国法人，すなわちPEを有しない外国法人

3. 課税の範囲

外国法人に対する課税の範囲は，法人区分と所得の種類，その発生の態様によって異なる。

- ・1号法人　　1号所得から11号所得のすべての国内源泉所得（法141①）
- ・2号法人　　1号所得から3号所得，および，4号所得から11号所得のうち当該外国法人が国内におこなう建設作業等に係る事業に帰せられるもの（法141②）
- ・3号法人　　1号所得から3号所得，および，4号所得から11号所得のうち当該外国法人が国内においてその代理人等を通じておこなう事業に帰せられるもの（法141③）
- ・4号法人　　1号所得のうち国内にある資産の運用・保有または国内にある不動産の譲渡により生じるもの，その他法人税法施行令第187条に定めるもの，および2号所得，3号所得（法141④）

以上が，外国法人に対するわが国の法人税の課税範囲であり，所得の計算・税率・課税方法・申告等については，原則として内国法人に準ずる。

また，2号法人および3号法人の4号所得から11号所得については，所得税の源泉徴収（分離課税）がおこなわれる（所178，179，161，212，213）。

第4節　タックス・ヘイブン税制

タックス・ヘイブンとは，法人税を課さない国・地域もしくはわが国の法人税に比して著しく低い国・地域をいい，大蔵大臣がこれを軽課税国として指定していたが，平成4年度税制改正によりこの指定は廃止された。この制度は，タックス・ヘイブンを利用した国際的租税回避の防止を目的として，昭和53年度の税制改正において導入されたものである。

タックス・ヘイブン税制の概要は次のとおりである。

軽課税国に本店または主たる事務所を有する外国子会社で，その発行済株式等のうち100分の50を超えるものをわが国の「居住者および内国法人」が直接・間接に所有するものを「特定外国子会社等」と定めていたが，平成4年4月1日以後に終了する事業年度から，外国子会社が「特定外国子会社等」に該当するかどうかは個々の子会社ごとにその法人税負担の多寡により判定されることとなった。当該特定外国子会社等がその稼得を留保した場合には，その留保金額（適用対象留保金額）のうち，当該特定外国子会社等の発行済株式等の100分の5以上を所有する内国法人，あるいは，当該特定外国子会社等の発行済株式等の100分の5以上を所有する一つの同族株主グループに属する内国法人の所有する持分に対応する部分（課税対象留保金額）を，当該内国法人の益金に算入する（措法66の6①，②）。

結　　　論

　国際課税の問題は，国家の主権に属する課税権の抵触をどのように調整するか，また国際的な租税回避をどのように防止するかという点にある。我が国の租税制度は，世界的にも精緻を極めたものであり，国際課税に関する租税制度においても同様である。
　課税権の調整に関して，もっとも大きな問題としての国際的二重課税の問題も，ここにみてきたように，国内立法措置と租税条約でその大部分は解決されている。
　たとえば，居住地国課税と源泉地国課税の競合，二重居住者，源泉地国課税の競合など基本的な部分である。しかしながら，租税条約非締結国との間には多くの問題を残している。租税条約締結国との間においても，二重課税を超える多重課税の問題は未だ十分には解決されていない部分が存在し，PEの意義・概念に関する各国の微妙な解釈の差異がもたらす影響は納税者にとっては

深刻な問題である。

また，租税条約そのものに関するものとして，タックス・ヘイブンを利用した租税条約あさり等についての規制の遅れが問題として存在する。

くわえて，アメリカで起こったユニタリー・タックス（合算課税）やトランスファー・プライシング（国際的移転価格）などの税金摩擦は，反トラスト法の域外適用議論の再燃が示すように今後のもっとも懸念される問題である。しかし，これらの問題は，経済摩擦と密接な関係を持つものであるが，その本質はまったく異なるものである。わが国の明確な姿勢の確立と対抗措置が望まれる。

1) わが国では，1980年の外国為替管理法の改正を契機として，特に資本取引が活発化した。対外直接投資額でみると，1980年に4,693百万ドルであったものが翌1981年には8,931百万ドルに倍増し，その後も大幅な伸びを示している（大蔵省「国際金融局年報」より）。
2) 正式には，「二重課程の回避のための条約」（Convention for the Avoidance Double Taxation）といい，OECD租税条約モデルに準拠したものである。我が国は，1954年にアメリカと初めて租税条約を締結し，現在では36カ国との間で租税条約が発効している。
3) 平成4年度税制改正においても，「免税芸能人等が支払う芸能人等の役務提供に係る源泉徴収の特例」，「国外支配株主等に係る負債の利子の課税の特例」および「外国子会社の配当等に係る外国税額控除の特例」が創設され，「タックス・ヘイブン」等について改正がおこなわれている。
4) 総合開発研究機構，「タックス・ヘイブンの実態」1990年11月に詳細に解説されている。
5) 金子宏，『租税法』（第3版）弘文堂，昭和61年，284頁。
6) ただし，当該内国法人の所得率が100分の10を超え100分の20以下であるときは，当該利子等の収入金額の100分の15を超える部分が「所得に対する負担が高率な部分」の金額に該当するものとされ，所得率が100分の20を超えるときは，「所得に対する負担が高率な部分」の金額はないものとされる。
7) 「同族会社の特別税率」（法67①），「土地の譲渡等がある場合の特別税率」（措法62の3①），「短期所有に係わる土地の譲渡等がある場合の特別税率」（措法63①），「超短期所有に係わる土地の譲渡等がある場合の特別税率」（措法63の2①），「所得税額の控除」（法68①），「利子，配当に係わる所得税の控除」

(措法68の2①)，ここにいう「外国税額の控除」，「リース電子機器利用設備を事業の用に供しなくなった場合の法人税額の加算」(措法42の6)および「リース事業基盤強化設備を事業の用に供しなくなった場合の法人税額の加算」(措法42の7⑥) を適用しないで計算した場合の法人税の額をいう。

8) 「青色申告所を提出した事業年度の欠損金の繰越し」または「青色申告所を提出しなかった事業年度の災害金による欠損金の繰越し」を適用しないで計算した場合の所得金額をいう。

9) 控除限度額の計算の基礎となる国外所得の金額を算定する際，国外所得のうち外国で非課税とされるものについては，その3分の2が国外所得の金額から除外される。(平成4年4月1日以後に開始する各事業年度の所得に係る法人税について適用される。ただし，平成4年4月1日から平成6年3月31日までの間に開始する各事業年度においては，非課税国外所得の12分の7が除外される。)

10) 課税権は国家の主権に属するものであるから，租税法は，特段の規定がない限り，その全領域(領土・領海・領空)において適用される。法人税法，所得税法にいう国内すなわち『施行地』(所2①Ⅰ，法Ⅰ)もこれを指すものと考えられるが，東京地裁昭和57年4月22日判決(『判例時報』1040号11頁)は，大陸棚条約・国際司法裁判所北海大陸棚判決(1969年2月20日)により，国際慣習法上大陸棚には国家の主権的権利が及ぶとして，大陸棚で作業する外国法人に法人税法の課税を認めた(本件の判使評釈，横田洋三，『ジュリスト』781号，264頁参照)。

付録　ドイツ租税法の概観[1]

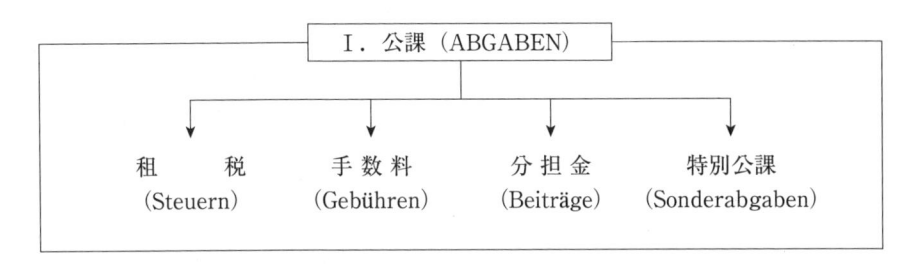

```
┌─ I. 公課 (ABGABEN) ─────────────────────┐
│                                          │
│    租　税      手数料      分担金      特別公課    │
│　(Steuern)  (Gebühren)  (Beiträge)  (Sonderabgaben) │
└──────────────────────────────────────────┘

┌─ II. 租税法の区分 (EINTEILUNG  STEUERRECHT) ─┐
│ 一般的租税法 (Allgemeines Steuerrecht)
│   手続規定および組織規定の指針規則
│   すべての税目またはいくつかの税目に対して一般に認められた規則
│ 一般的租税法に属するもの (Zum allgemeinen Steuerrecht gehöen)
│   租税通則法 (AO：Abgabenordnung)
│   財政行政法 (FVG：Finanzverwaltungsgesetz)
│   評価法 (BewG：Bewertungsgesetz)
│   財政裁判法 (FGO：Finanzgerichtsordnung)
│ 個別の租税法 (Besonderes Steuerrecht)
│   実質的な納税義務規定は，統一的な観点によって組織されていない多くの個々
│   の法律のなかで存在する
└──────────────────────────────────────────┘
```

---

1) 以下の図表は，Hermann Luchterhand Verlagの2002年の「Steuerrecht im Überblick」による。

III. 税目 (STEUERARTEN)

所得所有税 (Besitzsteuern vom Einkommen)
 所得税 (Einkommensteuer)
 給与税 (Lohnsteuer)、資本収益税 (Kapitaleertragsteuer) を含む
 法人税 (Köperschaftsteuer)
連帯付加税 (Solidaritätszuschlag)
財産所有税 (Besitzsteuern vom Vermögen)
 財産税 (Vermögensteuer)
 相続税、贈与税 (Erbschaft-/Schenkugsteuer)
対物税 (Realsteuern)
 営業税 (Gewerbesteuer)
 土地税 (Grundsteuer)
取引税 (Verkehrsteuern)
 売上税 (Umsatzsteuer)
 土地取得税 (Grunderwerbsteuer)
 自動車税 (Kraftfahrzeugsteuer)
 保険税 (Versicherungssteuer)
輸入品および輸出品に対する関税および消費税
(Zölle und Verbrauchsteuern für Einfuhr und Ausfuhr)
 ブランデー、シャンペン、タバコ、コーヒー、鉱油の消費に対する税
 ビール税
 地方消費税　例　飲料税

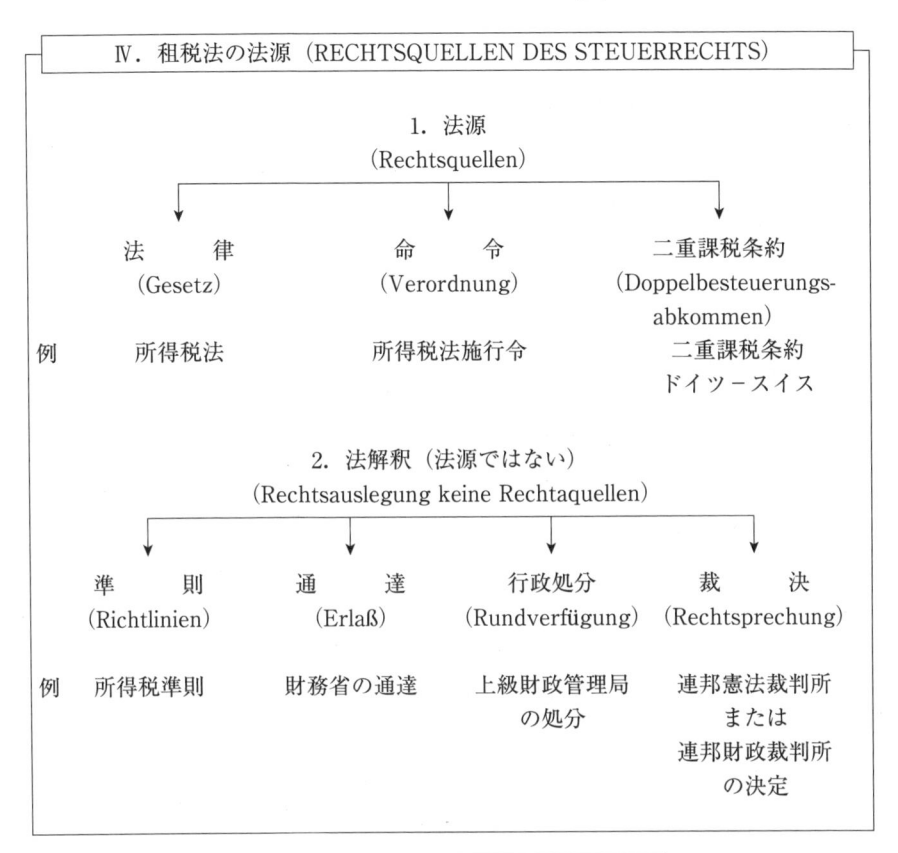

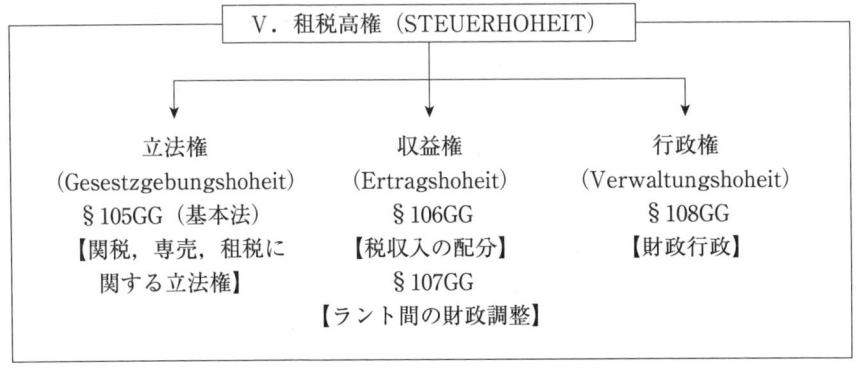

Ⅳ. 租税法の法源（RECHTSQUELLEN DES STEUERRECHTS）

1. 法源
（Rechtsquellen）

法　律	命　令	二重課税条約
（Gesetz）	（Verordnung）	（Doppelbesteuerungs-abkommen）
例　所得税法	所得税法施行令	二重課税条約ドイツ－スイス

2. 法解釈（法源ではない）
（Rechtsauslegung keine Rechtaquellen）

準　則	通　達	行政処分	裁　決
（Richtlinien）	（Erlaß）	（Rundverfügung）	（Rechtsprechung）
例　所得税準則	財務省の通達	上級財政管理局の処分	連邦憲法裁判所または連邦財政裁判所の決定

Ⅴ. 租税高権（STEUERHOHEIT）

立法権	収益権	行政権
（Gesestzgebungshoheit）	（Ertragshoheit）	（Verwaltungshoheit）
§105GG（基本法）	§106GG	§108GG
【関税，専売，租税に関する立法権】	【税収入の配分】§107GG【ラント間の財政調整】	【財政行政】

VI. 財務行政組織 (AUFBAU DER FINANZVERERWALTUNG)

- 上級官庁
  - 連邦財務省 (Bundesministerium der Finanzen, BFM)
  - 州財務省 (Landesfinanz-ministerium, LMF)

- 中級官庁
  - 上級財政管理局 (Oberfinanzdirektion)

- 下級官庁
  - 中央税関／税関／税関検査所 (Hauptzollamt/ Zollamt/ Zollfahndungsamt)
  - 税務署 (Finanzamt)

VII. 租税通則法の概観 (ÜERSICHT ÜER DIE ABGABENORDNUNG)

第1部　総　　則（Einleitende Vorschriften）
　　　　§§ 1-32 AO
第2部　租税債務法（Steuerschuldrecht）
　　　　§§ 33-77 AO
第3部　一般手続規定（Allgemeine Verfahrensvorschriften）
　　　　§§ 78-133 AO
第4部　課税の実施（Durchfürung der Besteuerung）
　　　　§§ 134-217 AO
第5部　徴収手続（Erhebungsverfahren）
　　　　§§ 218-248 AO
第6部　執　　行（Vollstreckung）
　　　　§§ 249-346 AO
第7部　裁判外の権利救済手続（Außergerichtliches Rechtsbehelfsverfahren）
　　　　§§ 347-368 AO条
第8部　刑事規定及び過料規定（Straf - und Bußgeldvorschriften）
　　　　刑事手続及び過料手続（Straf - und Bußgeldverfahren）
　　　　§§ 369-412 AO
第9部　終結規定（Schlußvorschriften）
　　　　§§ 413-415 AO

Ⅷ．課税手続の満了 (ABLAUF DES BESTEUERUNGSVERFAHRENS)

調査手続（Ermittlungsverfahren）
　課税標準の調査（多くは納税義務者の租税申告書の税金を通じて、あるいは税務署の課税標準の見積もりを通じて）
租税確定手続（Steuerfestsetzungsverfahren）
　税額通知書による未納税額の確定
徴収手続、執行手続（Erhebungsverfahren,Vollstreckungsverfahren）
　税は、今まで支払われた税金（例えば、給与税、教会税、資本収益税、一般的前払い）を通算して支払われる。納税義務者が税金を支払わず、かつ、他の方法で租税債務が消滅しなければ（相殺、消滅時効、AO第47条）、効果をもたなかった督促の後で、未払いの租税債権のために納税義務者の財産で強制執行される。
その他の手続（weitere Verfahren）
　法律上の救済手続
　罰金手続、過料手続

Ⅸ．租税法における権利保護 (RECHTSSCHUTZ IM STEUERRECHT)

裁判外の法的救済
　　異議　　　　　§347 AO（権利救済の許容）
　　暫定的な法的保護
　　執行停止請求　§361 AO

財政裁判所の法的措置
　　不服申立　　　§40 Abs. 1 FGO
　　債務の訴え　　§40 Abs. 1 FGO
　　他の給付の訴え　§40 Abs. 1 FGO
　　確定の訴え　　§41 Abs. 1 FGO
　　暫定的な法的保護
　　執行停止の請求　§69 FGO
　　仮命令の請求　§114 FGO

索　引

あ行

EC……34, 47, 67, 68, 70, 71, 76, 77, 79, 80, 82-85, 88, 89, 91-93, 151, 154, 168, 169, 170, 173

EDV会計　……25, 109-111, 113, 118, 119, 123, 128-131, 134, 148

EU…………38, 47, 62, 67, 91, 93, 106, 107

一人有限会社　…………158, 160, 162, 163

一般に慣行せられている実務上の原則
　………………………………………4

一般に公正妥当と認められた企業会計の実務……………………7-12, 16, 18

一般に公正妥当と認められる会計処理の基準……………………8-11, 16, 18

一般に認められた会計原則（GAAP）
　…………………………………27-30

一般目的会計　…………………27, 29

インピュテーション・システム　…56-58, 60, 67, 72, 77, 91

営業持分の償却　…………………153

英米法………………………………30

OECDモデル租税条約　………94, 95, 181

か行

会計学………………3, 4, 7, 8-11, 16, 18

会計実務　……21, 25, 26, 28, 109, 110, 113

会計制度……3, 21, 22, 26-28, 30, 109, 110

外国法人　………………180, 182, 184-187

外部取引事項　……………………12, 13

確定決算基準………………8-10, 12, 29

確定した決算　……………3, 6, 7, 12, 15

加算項目……………………………14

課税権………………………43, 44, 51, 179, 188

課税所得…………1, 9, 10, 12, 14, 15, 18

課税所得の計算プロセス………………15

課税地国課税と源泉地国課税の競合
　……………………………………188

課税の公平…………………………54

課税標準……………………11, 13, 182

課税ベース　…42, 54, 63, 64, 68, 69, 71, 72, 75-80, 82-84, 88, 92

画像媒体　……112, 116, 117, 124, 125, 126, 127

合併　……………………96, 98, 102-105

家庭優遇法　………………………55, 61

株式資本主義………………………29

株式の交換　………96, 97, 101, 103, 105

監査…………………………………7

慣習法………………………………6

管理支配地主義　……………180, 181

企業会計……………6, 7, 12, 14, 27, 109

企業会計三法………………………8

企業会計原則………………6-12, 16, 18

企業会計実務………………………7, 10

企業会計上の利益　…………12-15, 29

企業利益……………………12, 18, 21

基準性………………………16-18, 26

基準性の原則　……………………24, 72

機能安全性の原則 ……………146, 147

経営経済学 ……………………………1
軽課税国 …………………………187, 188
経済現象 ……………21, 25, 26, 28, 33
経済通貨統合（EMU）……34, 79, 83, 84, 85, 89
形式的GoB ……………119, 128, 141, 148
決算調整 ……………………………14, 15
決算調整項目 ……………………12, 14
減算項目 ……………………………14
減税法2000 ………………………53, 62
源泉徴収制度 ………………………6

恒久的施設（PE）…94, 95, 102-105, 183, 185, 186, 188, 194, 195
公債依存度 …………………………49
公正な競争市場………………34, 38, 47
公正なる会計慣行 ………10-12, 16, 18
公認会計士法 ………………………7
国際的競争力 …34, 36, 38, 46, 47, 58, 106
国際的整合性 ………………………33, 35
国際的租税回避 …………………179, 187
国際的二重課税 …………179, 181, 182, 188
国連モデル租税条約 ………………181
国家的租税政策 …………………86, 87
コモンロー……………………………30
コントロール可能性の原則 ……146, 147

さ 行

財政政策 …………………37, 51, 61, 63
財務諸表準則 ………………………3, 6

資産の移転 …………96, 97, 101, 104, 105
実質的GoB ………………119, 128, 141
実務上の慣行の法規範化プロセス …4-6
資本維持の原則 …………………166, 174

資本会社 ………22, 23, 56, 58, 61, 64, 167
資本不可侵の原則 …………151, 160, 171
社員の退社権 ………………………153
社員平等の原則 ……………………156
社会資本主義 ………………………35
自由かつ公正な競争………………84
商慣習法 ……………………………6
商業帳簿 ……………………………10
証券取引委員会（SEC）………27, 28, 30
証券取引法 …………………………7, 8
商事貸借対照表 ……………23-25, 28, 29
商法 …………………………1-11, 15-18
商法会計 ……………………72, 82, 87
商法典 ………2, 5, 25, 26, 109-111, 133
商法と会計の関係 ……………1, 3, 7
商法と貸借対照表論，会計学との関係 ………………………………3, 4
商法における利益の算出 ……………15
商法の計算規定 ………………9, 12, 16
所得金額 ……………………3, 11, 13
所得算出のプロセス ………………10
所得税法 ……………………………17
所得の計算体系 ……………22, 25, 26
申告調整 ……………………………14, 15
申告調整項目 ……………………12-14
申告納税制度 ……………………3, 6, 7
斟酌規定 ……………………………10

正規のEDV会計システム ……………128
正規のデータ処理の諸原則（GoDV）………………138, 143, 144, 147
正規の簿記の諸原則（GoB）…4-10, 22-26, 29, 110, 111, 115, 116, 118, 119, 121, 124, 125, 128-132, 135-137, 139-144, 146-148
制限納税義務者 ……………………180
税制改革 ……………39, 51, 53, 59, 61-64

索　引

税制改革2000 ……………53, 55, 61-63
制定法 ……………………………………2
税負担軽減法1999/2000/2002 ……54-56, 61, 62, 63
成文法 ………………………………2, 5
税法 …………………………7, 12, 18
税法会計…………………………72, 82, 87
税法上の所得の計算体系 …………21, 22
税務会計 ……………………………27-30
税務会計実務 ………………………21, 28
税務申告書 ……………………………12
税務貸借対照表………………24, 25, 29
税務調整………………………14, 15, 17
設立準拠法主義 ……………………180, 181
全世界所得 ………………………104, 105
専門的資格を有する第三者 ……114, 118, 119, 121, 124, 128-131, 135, 136

租税行政法 ………………………………1
租税制度 ……21, 22, 33, 34, 38, 39, 51, 54, 70
租税整理法1999……………………………55
租税高権 ……………………………179, 193
租税通則法の概観 ………………………194
租税手続法 ………………………………1
租税の基本原則 ……………………42, 43
租税法 ……………1-3, 7, 17, 18, 25-28, 33
租税法および商法典と会計実務，経済現象の関係 …………………………25, 26
租税法上の所得 ……………………………29
租税法と会計の関係 ……………………3
租税法と商法の関係 …………………11, 17
租税法における権利保護 ………………195
租税法の法源 ……………………………193
租税法律主義………………………………43
租税民主主義………………………………42
租税誘因 ……68, 72, 73, 75, 76, 78, 88, 89

損金経理 ……………………………13-15

た行

貸借対照表技術 ……………………………3-5
貸借対照表論 ……………1-4, 7-11, 16, 18
大陸法 ……………………………………2
多国的租税政策 …………………………87
多重課税 …………………………………188
タックス・ヘイブン …179, 181, 187, 189

調整項目 …………………………………12
帳簿記帳の形式的要件 ……118, 123, 128, 134, 135

データ媒体 …112, 113, 115-128, 131-134
伝統的なEDV会計 ……………113, 123, 148
伝統的な基準性 …………………………25
伝統的な貸借対照表目的論 ……………3
伝統的な帳簿記帳 …………………140-142

ドイツ会計学 ……………………………2
ドイツ貸借対照表論 ……………………3
特殊目的会計 ……………………………27, 29
トランスファー・プライシング ……179, 189

な行

内国法人………12, 180, 182, 184, 186-188
内部取引事項 …………………………12, 13

二重課税 ……67, 68, 72, 73, 76, 77, 79-82, 85, 87, 92, 185
二重課税防止条約 ……………………94, 96
任務拘束性の原則 …………………145, 147

は行

配当可能利益 ……………………………7

白紙的規定 …………………………4, 5
半額課税方式 ……………………56-58

賦課課税制度 ………………………3, 6
付加価値税（VAT）………………34, 60
不文法 …………………………………2
プライマリーバランス（基礎的財政収
　支）…………………………………50, 51
プロナウンスメント ………………27, 30
プロフェッショナル………………27, 28, 30
プロフェッション…………………27, 28, 30
分割 ………………96, 97, 100, 102-105
別段の定め…………………………8, 12
別表四 ………………………………13, 15

法・正規の簿記の諸原則・会計の三身一
　体の関係 ………………………110, 111
法規範 ………………………6, 7, 10, 12
法規範化プロセス……5, 6, 8, 9, 11, 16, 18
法源 …………………………………2
法人擬制説…………………………57
法人税 ………………3, 6, 7, 12, 47, 58, 69
法人税法 ………………………1, 6-13, 15-17
法人税法および商法と会計の関係……18
法人税法と会計の関係 …………………1
法人税法と商法の関係………………1, 17
法人税法における課税所得の算出……15
法制度 ……1-3, 8, 9, 11, 16, 18, 21, 22, 26
法制度と会計の関係 ……1, 3, 8, 9, 11, 16

法制度の形式的展開過程……………26
法制度の実質的展開過程 …………25, 26
法的安定性 ……………………………2
法的効力 ………………………………5
法典 ……………………………………2
法による目的指示 …………4, 7-9, 11, 16
法の目的 ……………………2, 3, 7, 9, 10, 12
法律学 ……………………………3, 4, 18
法律学と会計の関係 …………………3, 4
法律学と貸借対照表論，会計学の関係
　………………………………………4
簿記及び貸借対照表の技術一般と商法の
　規定との関係 ………………………5
本店所在地主義 …………………180, 181

ま行

無社員有限会社 …………………158, 159
無制限納税義務者 ……………………180

明文規定………………………………8, 10

や行

有限責任私会社 …………………166, 167
ユニタリー・タックス …………179, 189

ら行

理会性の原則 ……………………145, 147
累進課税……………………………37, 44, 56

掲載論文出典一覧

第1章 法と会計学：
大阪産業大学経営学論集，6巻1号，平成16年10月

第2章 租税制度と現代会計の存立形式：
大阪産業大学経営学論集，第4巻2号，平成15年3月

第3章 社会の変化と租税法：
大阪産業大学経営学論集，第4巻2号，平成15年3月

第4章 日本の税制の現状と課題：
大阪産業大学経営学論集，第5巻2号，平成16年2月

第5章 ドイツ租税法の動向：
経営実務法研究，第4巻，平成13年12月

第6章 EUにおける税制の統合（1）：
大阪産業大学論集社会科学編，94号，平成6年3月

第7章 EUにおける税制の統合（2）：
大阪産業大学産業研究所所報，第20号，平成9年11月

第8章 ドイツ租税通則法および商法典におけるEDV会計と会計情報理論：
『EU統合と現代ドイツ会計制度』大阪産業大学産業研究所，平成7年9月

第9章 EC諸国における有限会社法の調整と債権者保護：
法と秩序，vol. 14 No. 1，昭和59年1月

第10章 国際課税と課税権：
大阪産業大学論集社会科学編，89号，平成4年9月

著者略歴

中西　基（なかにし　もとい）
1953年大阪府生まれ
近畿大学大学院法学研究科（博士前期・後期課程），
拓殖大学大学院経済学研究科（博士前期課程）を経て，現在大阪産業大学経営学部教授

租税法と現代会計

2005年2月25日　初版第1刷発行
2008年4月23日　初版第2刷発行

著書　ⓒ　中西　基
発行者　菅田直文
発行所　有限会社　森山書店　東京都千代田区神田錦町1-10林ビル（〒101-0054）
TEL 03-3293-7061 FAX 03-3293-7063　振替口座 00180-9-32919

落丁・乱丁本はお取りかえします　　印刷／製本・シナノ

本書の内容の一部あるいは全部を無断で複写複製することは，著作権および出版社の権利の侵害となりますので，その場合は予め小社あて許諾を求めてください。

ISBN 978-4-8394-2002-4